Fußball – Alles, was man wissen muss

FÖRST | WAGENHAN | TIMM

FUSSBALL

★ ★ ALLES, WAS MAN WISSEN MUSS ★ ★

TAKTIK
STARS
GESCHICHTE
★★★

MEYER & MEYER VERLAG

Fußball – Alles, was man wissen muss

Bibliografische Information der Deutschen Bibliothek
Die Deutsche Bibliothek verzeichnet diese Publikation in der Deutschen Nationalbibliografie; detaillierte bibliografische Details sind im Internet über <https://www.dnb.de> abrufbar.

Auckland, Beirut, Dubai, Hägendorf, Hongkong, Indianapolis, Kairo, Kapstadt, Manila, Maidenhead, Neu-Delhi, Singapur, Sydney, Teheran, Wien

Member of the World Sport Publishers' Association (WSPA)

Gesamtherstellung: CPI – Clausen & Bosse, Leck
ISBN 978-3-8403-7905-5
E-Mail: verlag@m-m-sports.com
www.dersportverlag.de

INHALT

★★★

VORWORT – DIE LIEBE ZUM SPIEL

Florian Först

Meinen ersten Ballkontakt feierte ich im Alter von fünf Jahren im heimischen Garten. Die großen Jubelstürme seitens der Zuschauer blieben zwar aus, wahrscheinlich vollkommen zu Recht, dennoch ließ die Begeisterung für den Fußball nicht nach. Nachdem ich folglich im Fußballverein meine eigene Karriere startete und mit meinem Vater gelegentlich Spiele verfolgte, avancierte die Weltmeisterschaft 2006 zum vorläufigen Höhepunkt meiner Begeisterung für diesen Sport. Den ganzen Tag Fußball schauen und abends bei angenehmen Temperaturen selbst eine Runde im Garten kicken, etwas Schöneres konnte ich mir kaum vorstellen. Die folgenden Jahre sollte sich diese Leidenschaft nur noch festigen. Und obwohl ich selbst mittlerweile meine Schuhe an den berühmten Nagel gehängt habe, bin ich weiterhin als Beobachter, Redakteur, Kritiker und vor allem als Fan immer in Ballnähe. Die Faszination für diesen Sport und dieses schnelllebige Geschäft im Hintergrund wird mich vermutlich nie mehr loslassen, ganz im Gegenteil.

Jan-Luca Timm

Die erste aktive Erinnerung, die ich mit dem Fußball verbinde, ist das Sommermärchen 2006. Das Traumtor von Phillip Lahm gegen Costa Rica, der Spickzettel von Jens Lehmann im Elfmeterschießen gegen Argentinien, das Ende des Traums im Halbfinale gegen Italien, nicht zu vergessen der überlebensgroße Oliver Kahn als Autobahnwerbung. Und während ich mir die Highlights der Heim-WM noch heute regelmäßig auf der DVD anschaue, ist meine Verbindung zu dem Sport über die Jahre immer mehr gewachsen. Wobei „Sport" nicht einmal mehr ansatzweise zusammenfasst, was Fußball für mich bedeutet. Er ist so viel mehr: emotionalisierendes Unterhaltungsprogramm, richtungsweisender Gesprächsöffner oder teure Freizeitbeschäftigung. Und wenn ich dann doch noch einmal gefragt werde, warum ich mir das mit dem Fußball nach der „0:3"-Niederlage im verregneten Stadion noch immer antue, ist meine Antwort klar: Fan sein, heißt verliebt sein. Man handelt irrational und unvernünftig, es ist oft schmerzhaft, aber immer wunderschön.

Max Wagenhan

„Fußball, das sind doch nur 22 Leute, die einem Ball hinterherrennen." Oft hat mich dieser Spruch schon auf die Palme gebracht, doch genau diese Simplizität war es, mit der alles begann. Lange bevor ich mit dem diametral abkippenden Sechser etwas anfangen konnte, im Alter von drei Jahren, trat ich zum ersten Mal gegen den Ball – und hörte nie mehr damit auf. Beim Training unseres legendären Nachwuchstrainers Gui wurde der Grundstein für meine weitestgehend erfolglose aktive Karriere gelegt, die mich noch heute Woche für Woche auf den gleichen Platz führt, auf dem ich damals das Kicken erlernte. Schon auf meinem Schnuller war das Wappen meines Vereins, dem Karlsruher SC, mit dem ich jetzt schon seit 26 Jahren durch wenige Höhen und viele Tiefen gehe. Oft verfluche ich meine Eltern dafür, dass sie mir dieses Übel eingebrockt haben, doch eigentlich überwiegt doch die Dankbarkeit, dass mir meine fußballerische Heimat schon in die Wiege gelegt wurde. Trotz diverser Verletzungen, Abstiege und Enttäuschungen: Die Liebe zum Fußball bleibt ungebrochen, hat er mir doch auch einige der schönsten Stunden und engsten Freundschaften sowie die Chance beschert, mir den Traum des eigenen Buches zu erfüllen.

MASSENPRÜGELEI WIRD MASSENTAUGLICHER SPORT: DER MODERNE FUSSBALL

Ab dem 12. Jahrhundert kam es im englischen Ashbourne, einer kleinen Stadt in der Grafschaft Derbyshire, etwa 60 Kilometer südöstlich von Manchester, regelmäßig zu Austragungen des *Shrovetide Football Matches* – einem Massenspiel zwischen rivalisierenden Regionen, Dörfern oder Stadtvierteln. Das Spielziel ist schnell erklärt und gleicht dem Fußball: Es gilt, einen Ball in das gegnerische Tor zu befördern. Der Haken an der Sache: Die Tore sind fünf (!) Kilometer voneinander entfernt, das Spielfeld ist zudem durch einen Fluss getrennt, es dürfen unbegrenzt viele Spieler teilnehmen und auch sonst ist eigentlich alles erlaubt. Kein Wunder also, dass *Shrovetide Football* früher oder später eher einer Massenschlägerei gleicht als einem fairen sportlichen Wettkampf. Auf dem Weg zum Tor darf der Ball sowohl getreten, geworfen als auch getragen werden, weshalb in dem Spiel nicht nur die Wurzeln des heutigen Fußballs liegen, sondern auch die einer weiteren Sportart, die sich in vielen Teilen der Welt großer Beliebtheit erfreut: Rugby. Das *Shrovetide Football Match* wird auch heute noch ausgetragen – am Faschingsdienstag und Aschermittwoch jeden Jahres. Dabei treten die beiden Ashbourner Ortsteile *Upwards* und *Downwards* gegeneinander an.

Im frühen 19. Jahrhundert erkannte man in England die positiven Eigenschaften von Teamsportarten wie Zusammenhalt, Fairness, Respekt und Toleranz. Als Folge dessen wurde Schulsport an Bildungseinrichtungen verpflichtend – gespielt wurde in aller Regel eine Mischung aus Rugby und Fußball, bei der ein Ball in die gegnerische Endzone getreten oder getragen werden musste. Die Regeln sind von Schule zu Schule unterschiedlich; an einigen Einrichtungen wurde der Ball wie im Rugby nur getragen und zurückgepasst, an anderen wurde er wie im Fußball mit dem Fuß getreten. Organisierte Turniere waren so nicht möglich; nur vereinzelt traten Schulteams gegeneinander an. Dies änderte sich 1848, als Studenten der Cambridge University erste allgemeingültige Fußballregeln formulierten. Kern der sogenannten *Cambridge Rules*: Der Ball darf nur noch mit dem Fuß getreten werden. Von nun an waren auch Turniere untereinander möglich, das Spiel gewann an immer größerer Beliebtheit – auch außerhalb der Bildungseinrichtungen. Das führte 1858 zur Gründung des ersten Fußballvereins der Welt: Dem Sheffield Football Club.

Ab diesem Zeitpunkt nahmen die Geschehnisse rund um den Fußball so sehr an Fahrt auf, dass es mehrere Bücher bräuchte, um die bedeutendsten Daten und Ereignisse darzustellen. Deshalb haben wir uns entschieden, nachfolgend die wichtigsten geschichtlichen Momente stichpunktartig aufzuführen, übersichtlich unterteilt in einzelne Jahrzehnte.

1850er-Jahre

★ 1858: Die Freunde Nathaniel Creswick und William Prest gründen mit FC Sheffield den ersten Fußballverein der Welt. Heute spielt der Verein in der siebten englischen Liga.

1860er-Jahre

★ 26. Dezember 1860: Das erste offizielle Vereinsspiel: FC Sheffield gegen FC Hallam.

★ 26. Oktober 1863: Der erste Fußballverband der Welt wird gegründet: Die englische Football Association (kurz FA).

★ 1866: Die FA modifiziert die Abseitsregeln: Ein Spieler steht dann im Abseits, wenn sich bei Ballannahme weniger als drei Gegenspieler zwischen ihm und dem Tor befinden.

★ 1867: Eckbälle und Freistöße werden eingeführt.

1870er-Jahre

★ 1870: Die FA begrenzt die Spielerzahl pro Team auf elf.

★ 1971: Das Handspiel wird verboten.

★ 1872: Die FA legt eine einheitliche Ballgröße fest.

★ 30. November 1872: Das erste offizielle Länderspiel der Welt - Schottland und England trennen sich 0:0.

★ 1874: Erstmalig leiten unparteiische Schiedsrichter die Spiele.

★ 1875: Einheitliche Torgrößen und Spielerwechsel werden eingeführt.

★ 1877: Schiedsrichter erhalten die Möglichkeit zum Platzverweis.

★ 1878: Der Newton Heath Football Club wird gegründet - 1902 wird der Verein zu Manchester United.

★ 1879: An Schweizer Privatschulen gründen englische Studenten den ältesten noch bestehenden Fußballverein Kontinentaleuropas: Den FC St. Gallen.

1880er-Jahre

★ 1882: Der Einwurf ist von nun an mit beiden Händen erlaubt.

★ 1888: In Berlin-Tempelhof gründen die Brüder Max, Paul, Fritz und Walter Jestram den ersten deutschen Fußballverein: BFC Germania. Heute spielt der Verein in der Kreisliga.

1890er-Jahre

- ★ 1890: Erstmalig werden Tore mit Netzen ausgestattet.
- ★ 1891: Elfmeter werden in das Regelwerk aufgenommen.
- ★ 3. Juni 1892: Der Liverpool Football Club wird vom Brauereibesitzer John Houlding gegründet.
- ★ 1897: Die Verlängerung wird eingeführt.
- ★ 1. November 1897: 13 Studenten gründen Juventus Turin.
- ★ 16. März 1898: Der Ingenieur Mario Vicary gründet die Federazione Italiana Football; den italienischen Fußballverband.
- ★ Anfang Februar 1899: Ein 16-jähriger Schüler gründet den Vorgängerverein von Werder Bremen. Bis heute ist nicht final geklärt, ob es am 1., 4. oder 5. Februar war.
- ★ 29. November 1899: Der Schweizer Joan Gamper gründet mit dem FC Barcelona den ersten katalanischen Verein, der auch ausländische Spieler aufnimmt.

1900er-Jahre

- ★ 28. Januar 1900: Vertreter von 36 deutschen Vereinen gründen den Deutschen Fußball Bund (DFB) in Leipzig.
- ★ 27. Februar 1900: In einem Münchener Weinhaus wird der FC Bayern München gegründet.
- ★ 6. März 1902: Eine Gruppe von Hobbyspielern rundum Juan Padrós gründet Real Madrid. Padrós wird erster Vereinspräsident.
- ★ 5. April 1902: Die erste Ibrox-Katastrophe in Glasgow. Beim Länderspiel zwischen England und Schottland bricht eine Tribüne ein und reißt 25 Menschen in den Tod.

- ★ 1903: Torhüter dürfen nur im eigenen Strafraum mit der Hand spielen.
- ★ 21. Mai 1904: Die Fédération Internationale de Football Association (kurz FIFA), der Fußballweltverband, wird vom Niederländer Carl Anton Wilhelm Hirschmann und dem Franzosen Robert Guérin in Paris gegründet.
- ★ 19. Dezember 1909: Borussia Dortmund wird von einer Gruppe Bergbauarbeiter gegründet. Der Legende nach stammt der Name „Borussia" von einer Werbetafel der Borussia-Brauerei.

1910er-Jahre

- ★ 1913: Der Abstand zwischen Ball und Mauer beim Freistoß wird auf die noch heute gültigen 9,15 m festgelegt.
- ★ 29. September 1913: Der Königlich-spanische Fußballverband Real Federación Española de Fútbol (RFEF) wird gegründet. Bei der Sitzung zur Gründung der FIFA war Spanien dennoch vertreten – in Form von Real Madrid.
- ★ 1914-1918: Aufgrund des Ersten Weltkriegs werden nationale und internationale Fußballwettbewerbe ausgesetzt.
- ★ 7. April 1919: Der französische Fußballverband Fédération Française de Football (FFF) wird gegründet.

1920er-Jahre

- ★ 1925: Die moderne Abseitsregel wird eingeführt. Im Augenblick des Abspiels müssen nun mindestens zwei gegnerische Spieler zwischen annehmendem Spieler und Tor sein.
- ★ 1. April 1927: Ferenc Puskás wird in Budapest geboren.

1930er-Jahre

- ★ 1930: Die allererste Fußball-Weltmeisterschaft findet in Uruguay statt. Weltmeister wird der Gastgeber selbst.
- ★ 21. März 1935: Brian Clough kommt in Middlesborough auf die Welt.
- ★ 1934: Weltmeisterschaft in Italien. Wieder wird der Gastgeber selbst Weltmeister.
- ★ 1938: Weltmeisterschaft in Frankreich. Weltmeister wird Italien.
- ★ 1939: Rückennummern auf Trikots werden eingeführt.

1940er-Jahre

- ★ 23. Oktober 1940: Edson Arantes do Nascimento, genannt Pelé, wird im brasilianischen Três Corações geboren.
- ★ 31. Dezember 1941: Kurz vor Jahreswechsel erblickt Alex Ferguson in Glasgow das Licht der Welt.
- ★ 1942: Aufgrund des Zweiten Weltkriegs verschiebt die FIFA die Weltmeisterschaft auf unbestimmte Zeit.
- ★ 11. September 1945: Der „Kaiser", Frank Beckenbauer wird in München geboren.
- ★ 3. November 1945: Der „Bomber der Nation", Gerd Müller, kommt im bayrischen Nördlingen auf die Welt.
- ★ 25. April 1947: Hendrik Johannes „Johan" Cruyff kommt in Amsterdam auf die Welt.

1950er-Jahre

- ★ 1950: Weltmeisterschaft in Brasilien. Weltmeister wird Uruguay.
- ★ 15. Juni 1954: Die Union of European Football Associations (kurz UEFA) wird in Basel gegründet. Federführend waren die drei Verbände aus Frankreich, Belgien und Italien.
- ★ 4. Juli 1954: Das Wunder von Bern. Neun Jahre nach dem Krieg wird die bundesdeutsche Nationalmannschaft erstmalig Weltmeister. Im Finale schlägt man die favorisierten Ungarn rund um Superstar Ferenc Puskás mit 3:2.
- ★ 1954: Weltmeisterschaft in der Schweiz. Weltmeister wird (West-) Deutschland.
- ★ 21. Juli 1955: Marcelo Bielsa wird im argentinischen Rosario geboren - derselben Stadt, in der 32 Jahre später Lionel Messi das Licht der Welt erblickt.
- ★ 1958: Weltmeisterschaft in Schweden. Weltmeister wird Brasilien.
- ★ 10. Juni 1959: Carlo Ancelotti kommt im italienischen Reggiolo auf die Welt.

1960er-Jahre

- ★ 30. Oktober 1960: Diego Armando Maradona wird im argentinischen Lanús geboren.
- ★ 2. Juni 1962: Die Schlacht von Santiago: Im WM-Spiel zwischen Chile und Italien kommt es zu einer der brutalsten Begegnungen der Fußballgeschichte. Schiedsrichter Ken Aston verweist mehrere Spieler des Platzes, immer wieder kommt es zu Diskussionen zwischen Unparteiischen und Spielern. Im Anschluss an die Partie setzt sich Aston für allgemeingültige Signale bei Entscheidungen ein - und erhält diese mit gelben und roten Karten bei der WM 1970.

★ 1962: Weltmeisterschaft in Chile. Brasilien gelingt die Titelverteidigung.

★ 28. Juli 1962: Bei einer Versammlung des DFB beschließen die anwesenden Mitglieder die Gründung der gesamtdeutschen Bundesliga zur Saison 1963/64. Der erste Meister der neuen Liga wird der 1. FC Köln.

★ 2. Mai 1964: Silvia Neid kommt im baden-württembergischen Walldürn auf die Welt.

★ 24. Mai 1966: Eric Cantona erblickt in Marseille das Licht der Welt.

★ 1966: Weltmeisterschaft in England. Zum ersten Mal krönt sich das Mutterland des Fußballs zum Weltmeister.

★ 1. Oktober 1966: George Weah wird im liberischen Monrovia geboren.

1970er-Jahre

★ 1970: Der DFB hebt das Fußballverbot für Frauen auf.

★ 17. Juni 1970: Das Jahrhundertspiel: In einer packenden Partie gewinnt Italien nach der Verlängerung mit 4:3 im Halbfinale der WM.

★ 1970: Weltmeisterschaft in Mexiko. Brasilien gelingt die Titelverteidigung.

★ 18. Januar 1971: Josef „Pep" Guardiola wird im spanischen Santpedor geboren.

★ 2. Januar 1972: Die zweite Ibrox-Katastrophe. Im Old Firm Derby zwischen den Glasgow Rangers und Celtic Glasgow kommt es zu einer Massenpanik, bei der hunderte Menschen niedergetrampelt werden - 66 von ihnen sterben an den Folgen.

★ 23. Juni 1972: Zinédine Zidane kommt in Marseille zur Welt.

- 1974: Weltmeisterschaft in (West-)Deutschland. Der Gastgeber erringt seinen zweiten Titel.
- 21. Juni 1978: Bei der WM trifft Titelverteidiger Deutschland in der Zwischenrunde auf Österreich. Die hochfavorisierten Deutschen verlieren mit 3:2 und scheiden aus – die Schmach von Córdoba.
- 1978: Weltmeisterschaft im unter einer Militärdiktatur stehenden Argentinien. Die FIFA verliert mit der Vergabe erstmalig ihren moralischen Kompass – und der Gastgeber krönt sich mit dem Titel.

1980er-Jahre

- 3. Oktober 1981: Zlatan Ibrahimović kommt im schwedischen Malmö auf die Welt.
- 25. Juni 1982: Deutschland trifft in der Vorrunde der WM auf Österreich und muss gewinnen, um die nächste Runde zu erreichen. Österreich hingegen darf mit einem Tor Unterschied verlieren und würde trotzdem weiterkommen. Es folgt der Nichtangriffspakt von Gijón: Deutschland geht nach elf Minuten in Führung. Anschließend spielen sich beide Mannschaften den Ball nur noch entspannt zu – ohne ernsthafte Bemühungen im Angriff.
- 1982: Weltmeisterschaft in Spanien. Weltmeister wird Italien.
- 5. Februar 1985: Cristiano Ronaldo wird im portugiesischen Funchal geboren.
- 11. Mai 1985: Bei der Valley-Parade-Feuerkatastrophe im englischen Bradford kommen 56 Stadionbesucher ums Leben. Ausgelöst wurde der Stadionbrand vermutlich durch eine ausgedrückte Zigarette.
- 19. Februar 1986: Marta Vieira da Silva kommt im brasilianischen Dois Riachos auf die Welt.
- 22. Juni 1986: Im Viertelfinale der WM trifft Argentinien auf England – und Diego Maradona erzielt ein irreguläres Tor per Hand. Ge-

sehen haben es alle – nur der Schiedsrichter nicht. Die Geburtsstunde der Hand Gottes.

- ★ 1986: Weltmeisterschaft in Mexiko. Weltmeister wird Argentinien.
- ★ 24. Juni 1987: Lionel Messi erblickt im argentinischen Rosario das Licht der Welt.
- ★ 15. April 1989: Bei der Hillsborough-Katastrophe verlieren 97 Menschen ihr Leben. Zudem wurden bei der Massenpanik, an deren Entstehung die anwesende Polizei entscheidend beteiligt war, mehr als 750 Menschen verletzt.

1990er-Jahre

- ★ 1990: Weltmeisterschaft in Italien. (West-)Deutschland holt den dritten Stern.
- ★ 20. Februar 1992: Die FA beschließt die Gründung der Premier League als Nachfolger der *Football League First Division*. Bereits zur Saison 1992/93 nimmt die Liga den Spielbetrieb auf, Meister wird Manchester United.
- ★ 1992: Von nun an darf der Torhüter einen Rückpass seines Mitspielers nicht mehr per Hand aufnehmen.
- ★ 1992/93: Der Europapokal der Landesmeister wird zur Champions League. Das Ziel: mehr Vereine, mehr Spiele und Mehreinnahmen durch Verträge mit dem Privatfernsehen.
- ★ 1994: Weltmeisterschaft in den USA. Brasilien wird Weltmeister.
- ★ 1998: Weltmeisterschaft in Frankreich. Zum sechsten Mal in der Geschichte holt der Gastgeber selbst den Titel.
- ★ 10. Juli 1995: Ada Hegerberg wird im norwegischen Sunndalsøra geboren.

★ 1999/00: Der UEFA-Cup und der Europapokal der Pokalsieger werden zusammengelegt: Die Geburtsstunde der Europa League.

2000er-Jahre

★ 2002: Weltmeisterschaft in Südkorea/Japan. Beim ersten Turnier mit mehreren Ausrichtern gewinnt Brasilien die fünfte und bis heute letzte Weltmeisterschaft.

★ 2006: Weltmeisterschaft in Deutschland. Das „Sommermärchen" gewinnt allerdings Italien.

★ 20. September 2004: Brian Clough verstirbt in Derby, England.

★ 25. Mai 2005: Das Wunder von Istanbul. Der FC Liverpool liegt im Finale der Champions League gegen den AC Milan zur Halbzeit mit 0:3 zurück. Noch in der regulären Spielzeit stellen sie auf 3:3 und gewinnen im Ellfmeterschießen.

★ 17. November 2006: Ferenc Puskás stirbt in seiner Geburtsstadt Budapest.

2010er-Jahre

★ 2010: Weltmeisterschaft in Südafrika. Die erste Weltmeisterschaft auf afrikanischem Boden gewinnt Spanien.

★ 8. Juli 2014: Halbfinale bei der WM in Brasilien. Völlig überraschend schlägt Deutschland den Gastgeber mit 7:1 – und krönt sich im Finale gegen Argentinien zum Weltmeister.

★ 2018: Weltmeisterschaft in Russland. Weltmeister wird Frankreich.

2020er-Jahre

★ 25. November 2020: Diego Armando Maradona verstirbt im argentinischen Dique Luján.

- ★ 2021/22: Als dritter europäischer Pokalwettbewerb wird die Conference League von der UEFA eingeführt.
- ★ 2022: Fünf Wechsel pro Spiel werden erlaubt.
- ★ 2022: Weltmeisterschaft in Katar. Im deutschen Winter krönt sich Argentinien zum Weltmeister.
- ★ 29. Dezember 2022: Pelé stirbt in einem Krankenhaus in São Paulo.

Geplante Änderungen:

- ★ 2026: Die erste Drei-Länder-WM in den USA, Kanada und Mexiko.
- ★ 2030: Aus drei mach sechs: Uruguay, Paraguay, Argentinien, Spanien, Portugal und Marokko werden die Weltmeisterschaft austragen. 100 Jahre nach der ersten WM in Uruguay.

TAKTIK IM FUSSBALL

Im allgemeinen Sprachgebrauch eines Fußballfans fallen immer wieder Begriffe wie Taktik, Strategie, Formation oder System. Vor allem mit Kritik gegenüber dem eigenen Verein ist man in der Regel nicht besonders sparsam, egal ob in guten oder schlechten Zeiten. Doch was meinen diese inflationär genutzten Begrifflichkeiten überhaupt und was gilt es im taktischen Bereich zu beachten? In diesem Kapitel wird ein grober Einblick in die Vielschichtigkeit und Komplexität des taktischen Aspektes geboten.

WAS IST TAKTIK UND WARUM IST SIE WICHTIG?

Der Begriff „Taktik" stammt zunächst einmal aus dem Griechischen und bedeutet so viel wie „die Kunst, ein Heer in Schlachtordnung zu stellen". Für die perfekte Formation des eigenen Heeres ist die Analyse des Kontrahenten wichtig, um eigene Stärken nutzen und gegnerische Schwachstellen ausnutzen zu können. So kann das eigene Heer bestmöglich aufgestellt und formiert werden.

Die Parallelen zum Fußball sind offensichtlich, denn diese simplen Überlegungen greifen auch hier. Daher wird im Fußball ebenfalls von Taktik gesprochen, wenn es sich um eine gewinnbringende Überlegung handelt, die mit der grundsätzlichen Strategie übereinstimmt.

Doch um die bestmögliche Taktik entwerfen zu können, sind im Vorfeld andere Faktoren von Bedeutung. In den Vorüberlegungen geht es zunächst darum, eine eigene Spielphilosophie und Strategie zu finden. Diese soll sich in allen weiteren Entscheidungen widerspiegeln und dient als Orientierung.

Wurde die eigene Spielphilosophie definiert, beginnt die Detailarbeit. Es gilt nun, die eigene Spielphilosophie in eine konkrete Spielidee und ein Konzept zu transformieren. Diese beiden Aspekte sollten sich stets an der Kaderbreite sowie der Qualität des eigenen Teams orientieren. Denn auch die beste Spielidee bringt schließlich keinen Erfolg, wenn die eigenen Spieler nicht zur Umsetzung der Vorgaben in der Lage sind. Entsprechend ist es nun die Aufgabe eines Trainers, diese wichtigen Entscheidungen zu treffen. Welche Grundordnung soll gewählt werden? In welchen Bereichen des Spielfeldes möchte ich den Gegner durch Pressing unter Druck setzen? Und welche Vor- oder Nachteile haben meine Überlegungen?

Basierend auf diesen und weiteren Fragestellungen trifft jeder Trainer letztlich individuelle Entscheidungen und erarbeitet am Ende mit Orientierung am nächsten Gegner eine passende Taktik. Diese sollte eigene Stärken betonen und Schwächen möglichst kaschieren. Mit dieser Taktik ist man dann im besten Fall dazu in der Lage, den Gegner nach eigenem Belieben zu steuern.

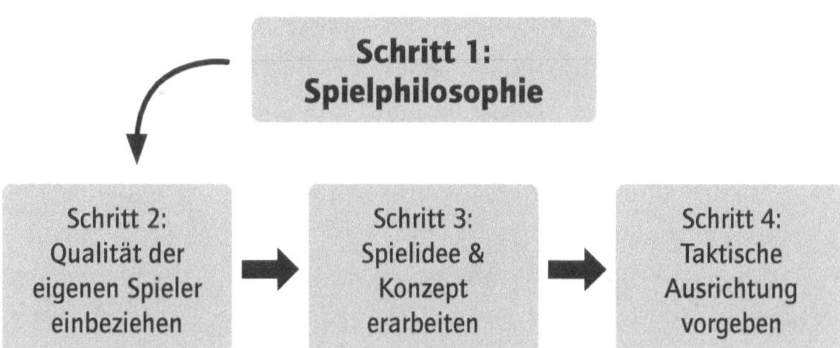

DIE TAKTISCHE AUSRICHTUNG

Im Prinzip gibt es zunächst einmal zwei taktische Grundausrichtungen, die Offensivtaktik und die Defensivtaktik. Beide Begriffe sind an sich selbsterklärend, doch die Vor- und Nachteile sind besonders interessant.

Die Offensivtaktik hat die vermeintlich größere Wahrscheinlichkeit einer Torerzielung. Das ist jedenfalls dann der Fall, wenn das Team Vorgaben umsetzt und sich Chancen herausspielen kann. Im Optimalfall führt dies dazu, dass auf Rückschläge wie Rückstände oder überraschende Ausgleichstreffer jederzeit reagiert werden kann und keine Panik aufkommt. Zudem hat sie unmittelbare Auswirkungen auf die eigene Defensivabteilung, denn die Abwehrspieler werden mit einer offensiven Ausrichtung entlastet und somit mit dieser Taktik unterstützt.

Allerdings darf bei einer offensiven Taktik die Defensivbewegung niemals vernachlässigt werden. Ansonsten kann es passieren, dass je nach Flexibilität im Offensivspiel Spieler auf ungewöhnlichen Positionen agieren. Das kann zu falschen Entscheidungen der Spieler führen oder es entstehen in Kontersituationen des Gegners Unterzahlsituationen. Außerdem steht die Mannschaft hier eher hoch, weswegen sich große Räume für den Gegner ergeben können und eine große Laufbereitschaft vonnöten ist.

Die Defensivtaktik bietet dagegen im Defensivbereich einige Vorteile hinsichtlich der Kompaktheit. Während bei einer Offensivtaktik große Räume entstehen können, werden diese hier verdichtet und möglichst klein gehalten. Gepaart mit einer engen Manndeckung im letzten Drittel des Spielfeldes können so die Torchancen des Gegners minimiert werden. Des Weiteren kann der Gegner mit einer defensiven Herangehensweise gelockt werden, wodurch Räume für Umschaltbewegungen entstehen. Diese können durch ein mutiges, risikoreiches und einstudiertes Umschaltspiel genutzt werden. Für gegnerische Teams ist dies zudem durchaus anstrengend und kostet einiges an Kraft. Sowohl die permanente Suche nach einer Lücke im Defensivverbund als auch das Unterbinden von Umschaltaktionen sorgt so auf Dauer für einen immensen Kräfteverschleiß.

Jedoch hat eine defensive Taktik ebenso ihre Nachteile. Auf Dauer erspielt sich eine Mannschaft auf diese Weise nicht unbedingt viele Torchancen, welche dann optimal genutzt werden müssen. Die Effizienz in der Chancenverwertung ist somit absolut elementar. Was aber noch viel schwerer wiegt, ist das Reagieren auf Rückstände. In solchen Fällen muss ein defensiv eingestelltes Team mehr Risiko eingehen. Das sorgt in der Regel dafür, dass diese Mannschaften leichter die Ordnung sowie die Zuteilung verlieren und von diesem Zeitpunkt an anfälliger sind. Es fällt ihnen insgesamt schwerer, auf solche Situationen passend zu reagieren.

Entsprechend kann festgehalten werden, dass es nicht die eine vielversprechende und stets funktionierende taktische Ausrichtung gibt. Im besten Fall werden beide Varianten kombiniert, denn Teams müssen sowohl offensive als auch defensive Aspekte bestens beherrschen. Zudem muss die Taktik stets auf die Fähigkeiten der eigenen Spieler abgestimmt sein, denn eine Taktik ist nur dann erfolgreich, wenn sie mit allen anderen Faktoren innerhalb einer Mannschaft harmoniert.

Im besten Fall soll sie den eigenen Spielern helfen, indem sie immer mehrere Optionen bietet. Angenommen, ein Spieler hat den Ball und muss nun eine Entscheidung über die nächste Aktion treffen. In diesem Fall muss er die Situation zunächst beurteilen (Wahrnehmung), eine Handlungsoption auswählen (Entscheidung) und die Entscheidung letztendlich ausführen (Ausführung). Eine gute Taktik sorgt dafür, dass der Spieler mehrere Handlungsoptionen zur Verfügung hat und unterstützt ihn sowohl bei der korrekten Wahrnehmung der Situation sowie einer zielgerichteten Entscheidungsfindung. Das kann aber nur dann funktionieren, wenn die Taktik auf den Spieler ausgerichtet ist.[1]

---

[1] Tobias Escher [TE], 2020

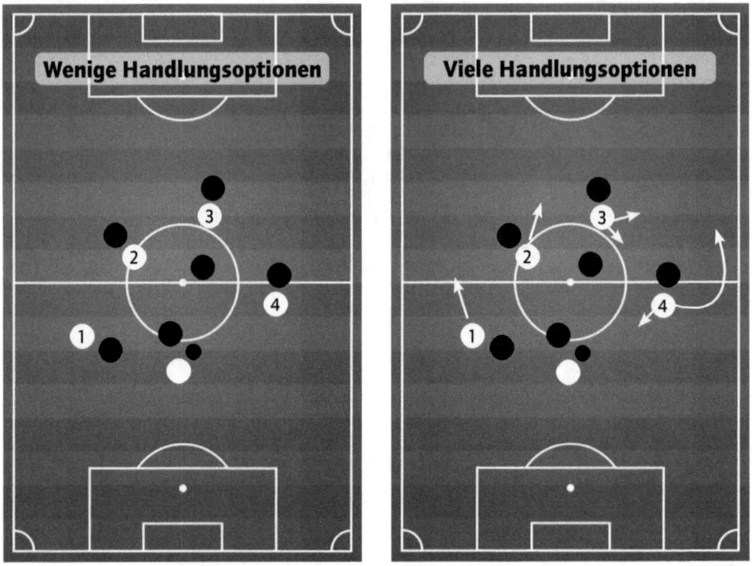

Aus diesem Grund müssen sich Trainer die Frage stellen, ob die präferierte Taktik das Optimum aus dem Team herausholt. Eine allen überlegene Taktik gibt es nicht und ohnehin ist es sinnlos, Spieler in ein taktisches Korsett zu zwingen. Entscheidend für die Wahl einer geeigneten Taktik und anschließenden Erfolg ist somit stets ein gutes Gefühl für die Fähigkeiten des eigenen Teams in Verbindung mit einer detaillierten Analyse des kommenden Gegners.

INDIVIDUAL-, GRUPPEN- UND MANNSCHAFTSTAKTIK

Der Begriff Taktik lässt sich allerdings in noch weitere Bausteine zerlegen. So ist es durchaus sinnvoll, zwischen verschiedenen Gruppengrößen zu unterscheiden, für die eine taktische Maßnahme und Ausrichtung notwendig ist. Aus diesem Grund wird allgemein zwischen Individualtaktik, Gruppentaktik und Mannschaftstaktik unterschieden.

In der Individualtaktik werden die taktischen Maßnahmen für einen einzelnen Spieler betrachtet. Sie betreffen maßgeblich die Entscheidungen, die die Aktionen eines einzelnen Spielers betreffen und sollen im besten Fall auf die Fertigkeiten dieses Spielers ausgerichtet werden. Solche individualtaktischen Maßnahmen sind Entscheidungen über Laufwege, Anspielverhalten oder auch darüber, ob ein Spieler ein Dribbling aufsuchen oder besser den Pass wählen sollte. Mit all diesen Entscheidungen in der Individualtaktik hat jeder Spieler am Ende einen unmittelbaren Einfluss auf das gesamte Spiel.

Von einer Gruppentaktik spricht man dagegen bei Entscheidungen, die von mehr als einem Spieler, jedoch nicht der gesamten Mannschaft getroffen und ausgeführt werden. Das Ziel einer Gruppentaktik kann es zum Beispiel sein, im eigenen Ballbesitz Überzahl herzustellen, was durch gezielte Laufwege und Passstafetten erreicht werden kann. Wichtig hierfür sind in diesem Fall im Training einstudierte Laufwege und klare Absprachen. Am Ende werden diese in die Mannschaftstaktik integriert.

Zu guter Letzt gibt es noch die Mannschaftstaktik. In diesem Fall sind alle Spieler des Teams integriert und nehmen eine feste Rolle ein. Eine solche mannschaftstaktische Maßnahme kann bereits die Anordnung auf dem Spielfeld, sprich die Formation, sein. Diese bezeichnet die genaue Aufstellung einer Mannschaft auf dem Platz.[2]

WAS IST DER UNTERSCHIED ZWISCHEN STRATEGIE UND TAKTIK?

Im Fußball gibt es, wie eingangs erwähnt, eine Menge Begriffe, die falsch verwendet werden. Ein gutes Beispiel hierfür sind die Begriffe Strategie und Taktik. Auf den ersten Blick mag hier kein wesentlicher

---

2 TE, 2020

Unterschied erkennbar sein. Daher werden diese Begriffe in der Regel missbräuchlich genutzt, oftmals von den augenscheinlich angehenden Bundestrainern unter uns. Eine Unterscheidung der beiden Begriffe ist jedoch von elementarer Bedeutung.

Die Definition von „Taktik" wurde zu Beginn dieses Taktik-Kapitels bereits thematisiert und mit einem Exkurs in dieses Themengebiet hinlänglich erläutert. Sie bezieht sich im Wesentlichen auf ein einzelnes Spiel und deren Bestandteile wie die Auswahl einer geeigneten Formation, wie man selbst agieren möchte, welchen gegnerischen Spieler man möglichst aus dem Spiel isolieren möchte. Auch vielversprechende Räume und wie man diese für sich zu nutzen weiß, sollten thematisiert werden. Das alles sind jedoch Entscheidungen und taktische Ausrichtungen, die sich auf ein einzelnes Spiel beziehen, und genau hier liegt der Unterschied zur Strategie.

Eine Strategie bezieht sich auf das große Ganze und damit mehr als nur ein einzelnes Spiel. Sie entscheidet darüber, ob man ein ballbesitzorientiertes Team sein oder doch besser über Konter zum Erfolg kommen möchte, in welchen Zonen auf dem Feld der Gegner möglichst unter Druck gesetzt werden soll oder in welchen Phasen man sich besser auf das Verteidigen fokussiert.[3]

Folglich sollte die Strategie über mehrere Spiele oder bestenfalls den Großteil einer Saison sichtbar sein. Bei großen Teams mit Top-Trainern wie Manchester City oder Real Madrid ist das eindrucksvoll der Fall. Wie diese Strategie in einzelnen Spielen umgesetzt wird, ist dann der Taktik überlassen. Sie ist wesentlich variabler und muss von Spiel zu Spiel anhand des Gegners angepasst werden.

---

3 Ebd.

WAS IST DER UNTERSCHIED ZWISCHEN EINER FORMATION ODER GRUNDORDNUNG UND EINEM SPIELSYSTEM?

Die nächsten oftmals falsch verwendeten Begriffe sind im Fußball die Grundordnung, welche auch als Formation bezeichnet wird, und das Spielsystem. Denn was erstmal ähnlich klingt, ist abermals definitiv nicht dasselbe.

Die Grundordnung oder auch Formation der Mannschaft gibt die grundsätzliche, statische Anordnung der Spieler auf dem Spielfeld an. Das Spielsystem dagegen geht über die Grundordnung hinaus und gibt den Zustand an, wie die einzelnen Positionen in der Formation interpretiert werden und die Spieler diese ausführen.

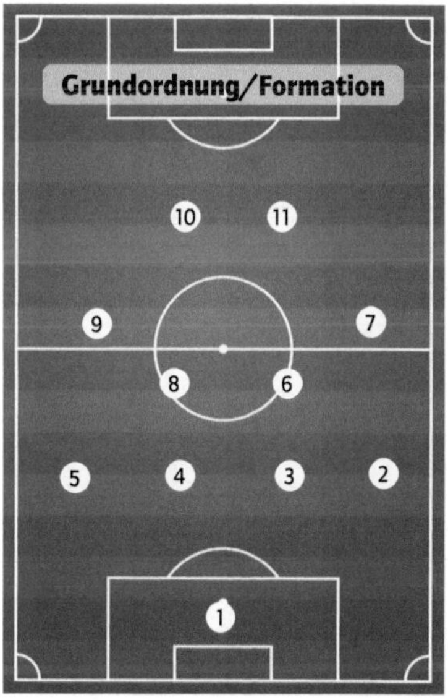

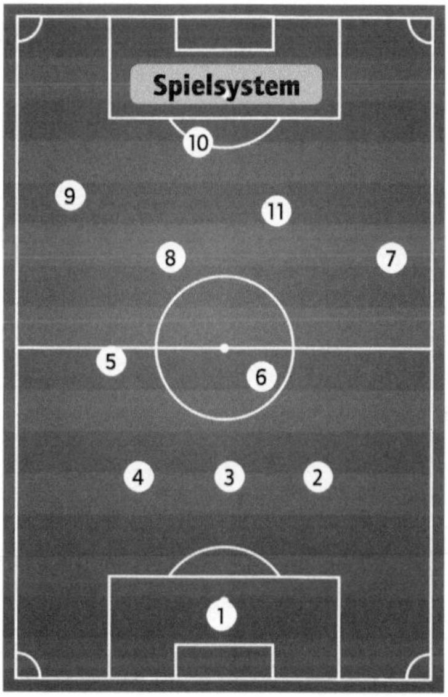

Schlussfolgernd ist es möglich, dass zwei Teams die gleiche Formation wie zum Beispiel ein 4-4-2 spielen, die Spielsysteme und damit Interpretationen dieser Grundordnung komplett unterschiedlich sind. Die Möglichkeiten sind hier nahezu unbegrenzt.[4]

DAS VIER-PHASEN-MODELL

Letztendlich helfen all diese erklärten Abläufe und taktischen Aspekte dabei, in jeder Phase des Spiels das Beste aus den Spielern herauszuholen und ein Spiel in die gewünschte Bahn zu lenken. Doch welche Spielphasen sind damit gemeint, was ist in den jeweiligen Phasen von Bedeutung und wie sollten sich Spieler zielorientiert verhalten?

Um diese Fragestellungen zu beantworten, kann das sogenannte Vier-Phasen-Modell genutzt werden. Dieses wurde von Louis van Gaal implementiert und reduziert ein Fußballspiel grundlegend auf eine Abfolge von insgesamt vier Phasen. Besonders für ein erstes Grundverständnis eignet sich das Vier-Phasen-Modell, in der Realität ist das Spiel dagegen komplexer und die Übergänge zwischen den Phasen sind fließend.

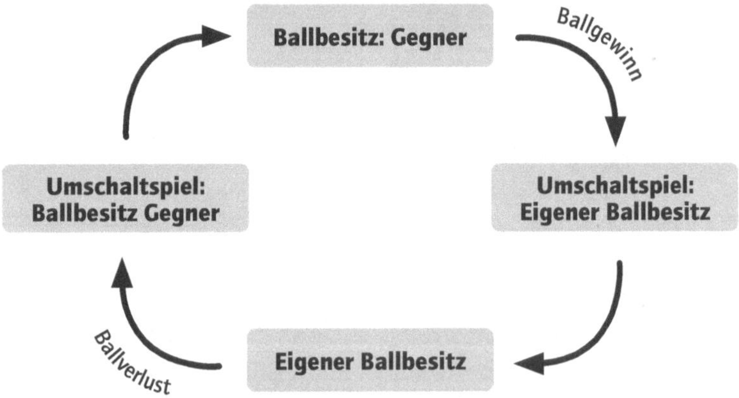

4 Ebd.

Phase 1: Der gegnerische Ballbesitz

In der ersten Phase geht es um den gegnerischen Ballbesitz. Der Kontrahent stößt an, der Ball rollt und das Spiel beginnt. Im Gegensatz dazu befindet sich die eigene Mannschaft direkt in der eigens gewählten Defensivformation und versucht organisiert, ein Gegentor zu verhindern sowie den Ball zu erobern.

Ein probates Mittel für die Balleroberung ist das sogenannte Pressing. Im Grunde genommen bezeichnet das den gezielten Versuch des verteidigenden Teams, den Gegner unter massiven Druck zu setzen und durch direkte Zweikämpfe den Ball zu gewinnen.

Leider wird auch der Begriff des Pressings überaus inflationär und sowohl von Kommentatoren, Moderatoren als auch Fans oftmals nicht korrekt verwendet. Dem allgemeinen Verständnis nach liegt ein solches nur dann vor, wenn eine Mannschaft den Gegner sehr früh in dessen Hälfte attackiert. Doch das ist lediglich ein Drittel der Wahrheit.

Der Begriff Pressing bezeichnet eine jede auf den Ballgewinn ausgerichtete Aktion, vollkommen unabhängig vom genauen Ort auf dem Spielfeld. Man unterscheidet hier lediglich zwischen drei verschiedenen Zonen und den Zeitpunkten des Pressings. Diese sind das Angriffspressing, das Mittelfeldpressing und das Abwehrpressing.

Das Angriffspressing ist in diesem Sinne der Inbegriff des Verständnisses von Pressing. Hier wird der Gegner auf dem gesamten Feld und damit sehr früh in dessen Hälfte in Zweikämpfe verstrickt. Ruhe und Zeit für den Spielaufbau werden somit gezielt unterbunden.

Beim Mittelfeldpressing lässt man den Gegner hingegen ein wenig länger spielen und attackiert diesen erst im mittleren Drittel des Spielfeldes, versucht allerdings nun den Vorstoß ins letzte Drittel energisch zu unterbinden.

Im Grunde genommen ist das Abwehrpressing nun selbsterklärend. Diese Form des Pressings wird grundsätzlich gerne von defensiv ausgerichteten Mannschaften oder in Druckphasen des Gegners gewählt. Hier findet der aggressive Zugriff auf die Gegenspieler erst im letzten Drittel, dem Abwehrdrittel, statt.

Unabhängig vom favorisierten Pressingtyp ist bei der Ausübung des Pressings jedoch ein Aspekt von immenser Bedeutung: das Pressingsignal. In der Regel verfügt jedes Team im Profifußball über ein solches. Wird es ausgelöst, geht das gesamte Team konsequent ins Pressing über. Das kann eine ausgewählte Aktion des Gegners wie ein unsauberer Pass, ein Zuspiel in einen bestimmten Raum oder auch ein Zuruf eines Spielers sein. Wichtig ist nur, dass dem gesamten Team dieses Signal bewusst ist und es geschlossen ins Pressing übergeht, denn ansonsten entstehen für den Gegner Räume.

Neben dem Pressing sind allerdings noch weitere Faktoren entscheidend. Die Frage nach einer Mann- oder Raumorientierung gleicht dabei vermehrt einer Philosophiefrage. Hier gibt es grundsätzlich verschiedene Auffassungen und am Ende treten oftmals ohnehin Mischformen auf. Von elementarer Bedeutung ist jedoch die Breiten- und Tiefensicherung einer Mannschaft, worüber es keine zwei Meinungen gibt.

Das oberste Gebot hat hier stets die Tiefensicherung, also der vertikale Weg zum Tor. Die Verteidigung des Flügels oder auch der Breite ist sekundär. Hier besteht die allgemeingültige Regel, dass das Zentrum und die Tiefe stets so gut wie möglich zu verteidigen und abzusichern sind, die Breite dagegen nur so gut wie nötig.

Das Ziel dieser ersten Spielphase ist grundsätzlich klar, für das Erreichen dieser Zielsetzung können allerdings verschiedene Philosophien infrage kommen. Lediglich einige grundlegende Aspekte sollten stets beherzigt werden. Für alle Themen über diese Grundlagen hinaus können Fragestellungen über die Pressingzone, die Art des Pressings oder auch die gegenseitige Absicherung im Sinne der Kompaktheit hilfreich sein.

Phase 2: Das Umschalten nach Ballgewinn

In der zweiten Phase hat die Balleroberung funktioniert und es gilt von der defensiven Grundordnung in das eigene Offensivspiel umzuschalten. Dieser Übergang sollte so schnell wie möglich geschehen. Besonders die Orientierung sowie die Entscheidungsfindung der Spieler steht dabei im Vordergrund. Innerhalb von wenigen Augenblicken müssen sie ihre Offensivpositionen im Spielsystem einnehmen, sowohl Breite als auch Tiefe schaffen und vor allem die Entscheidung darüber treffen, ob ein Konter sinnvoll ist oder man den Ballbesitz sichern möchte. Bereits der zweite Pass des eigenen Teams ist hierfür richtungsweisend.

Ein Konter ist allerdings nur dann sinnvoll, wenn die dafür relevanten Prinzipien stimmen beziehungsweise angewandt werden können. Von Bedeutung ist hier zunächst einmal der genaue Ort der Balleroberung. Je näher dieser am gegnerischen Tor liegt, desto besser. Doch selbst dann gilt es zu beachten, wie viele Gegenspieler sich noch zwischen dem Ball und dem gegnerischen Tor befinden und wie gut die Mitspieler positioniert sind. Sind noch zu viele Gegenspieler auszuspielen, die Mitspieler noch nicht bereit für den Konter oder die Spielsituation ist nicht passend, dann sind die Prinzipien für einen erfolgreichen Konter nicht erfüllt. Die Sicherung des eigenen Ballbesitzes ist in einem solchen Fall die bessere Option.

Phase 3: Eigenes Ballbesitzspiel

In der dritten Phase des Spiels hat das eigene Team den Ball erobert und sich bewusst für die Sicherung des Ballbesitzes entschieden. Damit startet nun das eigene Offensivspiel mit dem Ziel der Torerzielung.

Für dieses Vorhaben muss nun ein defensiv organisierter Gegner ausgespielt werden. Damit das gelingt, sollte dieser vor Entscheidungen gestellt und permanent unter Druck gesetzt werden. Die eigene Strategie gibt die Taktik und die Taktik letztendlich die Struktur des eigenen Ballbesitzspieles vor. Auch hier gilt es, einige wichtige Faktoren zu beachten.

In erster Linie greifen erneut bedeutende Prinzipien. Diese beziehen sich auf das Positionsspiel, welches unter anderem Pep Guardiola und Marcelo Bielsa nahezu predigen. Alle Positionen sollten jederzeit besetzt sein, damit Anspielstationen geschaffen werden und reibungsloses Kombinationsspiel ermöglicht werden kann. Die genaue Positionierung und Aufteilung ist dabei am Ende auch abhängig vom Kontrahenten.

Grundsätzlich gilt es hier, das Zentrum sowie die Breite ausreichend zu besetzen und die Tiefe zu attackieren. Zudem sind die sogenannten Zwischenräume von Bedeutung. Das sind die Räume, die zwischen zwei Abwehrreihen eines gegnerischen Teams entstehen. Sind diese besetzt und die Spieler anspielbar, können Abwehrketten leicht überspielt und so die Tiefe attackiert werden.

Ein bewährtes Mittel, um Lücken im Defensivverbund ausfindig zu machen und zu nutzen, sind Spielverlagerungen. Durch sie kann der Kontrahent zurückgedrängt und in Bewegung gebracht werden, denn durch regelmäßige Verlagerungen auf die gegenüberliegende Seite muss das verteidigende Team die Lücken immer wieder zulaufen. Im besten Fall schafft das angreifende Team so Räume, reißt Lücken oder erzeugt eine Überzahlsituation und kann diese bestenfalls nutzen.

Allerdings sollte auch in der eigenen Ballbesitzphase an einen potenziellen Ballverlust gedacht werden. Das Schlüsselwort ist hier die Risikoabwägung, bei welcher die eigenen Spieler immer unterstützt werden sollten. Je weiter der Ball vom eigenen Tor weg ist, desto weniger gefährlich ist ein potenzieller Ballverlust. Entsprechend kann im Angriffsdrittel auch mehr Risiko eingegangen werden als im Verteidigungsdrittel oder der Mitte des Spielfeldes.

Doch es ist nicht nur die Risikoabwägung, an die Taktikexperten wie Guardiola in Bezug auf mögliche Ballverluste denken. Ebenso ist das Thema Restverteidigung äußerst wichtig und zusammen mit dem Positionsspiel von entscheidender Bedeutung. Haben Defensivspieler die richtige Feldposition eingenommen und den gegnerischen Offensivakteur im

Blick, können sie bei einem Ballverlust direkt aktiv werden und eingreifen – im besten Fall mit dem Erfolg der direkten Balleroberung.

Die Spieler, die dabei für das Verteidigen eines Konters ausnahmslos hinter dem Ball positioniert sind, bilden in dem Fall die sogenannte Restverteidigung. Andere Spieler sollten bei einem Ballverlust selbstverständlich ebenfalls direkt in die Umschaltbewegung übergehen und die Mannschaftskameraden unterstützen.

Phase 4: Das Umschalten nach Ballverlust

In der letzten und vierten Phase geht es um das Verhalten nach Ballverlust und das unmittelbare Umschalten von Offensive auf Defensive. Im Moment des Ballverlustes hat das Team unmittelbar die Entscheidung zu treffen, ob man ins direkte Gegenpressing einsteigen und den Gegner unter Druck setzen oder sich zurückfallen und die Defensivpositionen einnehmen möchte.

Wichtig für diese Entscheidungsfindung sind nicht nur die Vorgaben des Trainers. Pep Guardiola ist ein Beispiel für einen Trainer, unter dem das Team nach Ballverlust bestens auf diesen vorbereitet ist, unmittelbar für ein paar Sekunden enormen Druck ausübt und erst im Anschluss komplett auf die Defensive umschaltet.

Stattdessen sind die sogenannten vier Referenzpunkte ausschlaggebend für die Entscheidung. Im Grunde genommen behandeln sie die Positionen der Gegenspieler, des eigenen Teams, des Balles sowie den Raum des Ballverlustes. Diese vier Faktoren müssen beachtet werden, wenn es um diese Entscheidung geht. Passt nur einer dieser Referenzpunkte nicht und das Team geht dennoch ins Gegenpressing, kann das fatale Folgen nach sich ziehen.

Angenommen, das Team entscheidet sich für den Rückzug: In diesem Fall greifen die bereits diskutierten Leitlinien bei gegnerischem Ballbesitz. Das Zentrum soll ebenso wie die Tiefe in erster Linie gesichert und der

Gegner nach außen gelenkt werden. Alle weiteren Faktoren wurden bereits hinlänglich ausgeführt.

Entscheidet sich das Team allerdings für das Gegenpressing und somit das unmittelbare, systematische Nachsetzen nach Ballverlust, sollte das eine gut überlegte Wahl sein. Schließlich ist Gegenpressing nicht immer das richtige taktische Stilmittel und sollte lediglich in vielversprechenden Spielsituationen eingesetzt werden. Im besten Fall kann so nicht nur die direkte Rückeroberung des Balles gelingen, sondern gleichzeitig eine vielversprechende Chance daraus entstehen.[5]

WELCHE SIND DIE BEKANNTESTEN UND BELIEBTESTEN FUSSBALL-FORMATIONEN?

Zum Abschluss dieses Taktik-Kapitels soll es noch einmal um das Thema Formation gehen. Immerhin lebt auch der Fußball von der permanenten Veränderung und so hat es in der Vergangenheit eine Vielzahl spannender Formationen gegeben. Doch welche sind die spannendsten oder auch bekanntesten?

1-0-9-Formation:

Auf den ersten Blick mag diese erste Grundordnung sowohl mehr als abenteuerlich klingen, als auch aussehen. Aus der heutigen Perspektive wäre eine solche Formation nahezu undenkbar, tatsächlich handelt es sich bei der 1-0-9-Formation jedoch um die erste Formation und in diesem Fall ebenso das erste Spielsystem in der Geschichte des Fußballs.

Entscheidend für die Wahl dieses Systems waren genau zwei Regeln. Zum einen gab es Ende des 19. Jahrhunderts bereits die Abseitsregel, wodurch

---

5 TE, 2020

kein Spieler näher zum gegnerischen Tor stehen durfte als der Ball und zum anderen durften Pässe ohnehin lediglich nach hinten oder seitwärts gespielt werden. Das sorgte dafür, dass sich der Großteil des Teams so nah wie möglich am gegnerischen Tor aufhielt und auf Abpraller wartete.

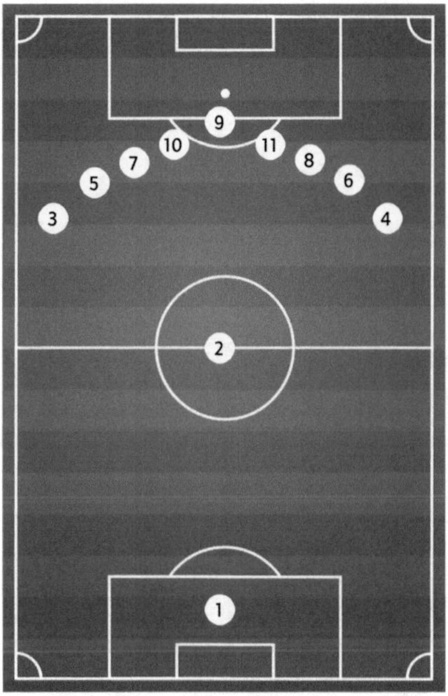

1-0-9-Formation

Bei Gegenangriffen führte das zwar reihenweise zu Problemen, war allerdings aufgrund des damaligen Regelwerkes offensiv ein bewährtes Mittel. Diese Regel wurde einige Jahre später hingegen angepasst, wodurch sich auch die Strategien der Teams weiterentwickelten und neue Formationen entstanden, wie beispielsweise die 2-2-6- oder auch 1-2-7-Formation.

2-3-5-Formation:

Im Jahr 1884 etablierte sich in England eine neue Grundordnung und wurde für 40 Jahre die bevorzugte Formation im europäischen Fußball, die 2-3-5-Formation. Lediglich zwei Verteidiger sicherten das eigene Team ab, auf der Offensive lag der Fokus dieses Systems. Allerdings nahm aufgrund der Abseitsregeln die Anzahl der Tore stetig ab, weshalb die bis heute gültige Abseitsregel im Jahr 1925 von der FA eingeführt wurde. Dies war ein Meilenstein, denn seitdem müssen zum Zeitpunkt der Ballabgabe mindestens der gegnerische Torhüter und ein weiterer Feldspieler näher zum gegnerischen Tor positioniert sein als der Angreifer.

Diese veränderte Abseitsregel sorgte gleichzeitig dafür, dass sich auch die gängige Formation erneut weiterentwickelte.

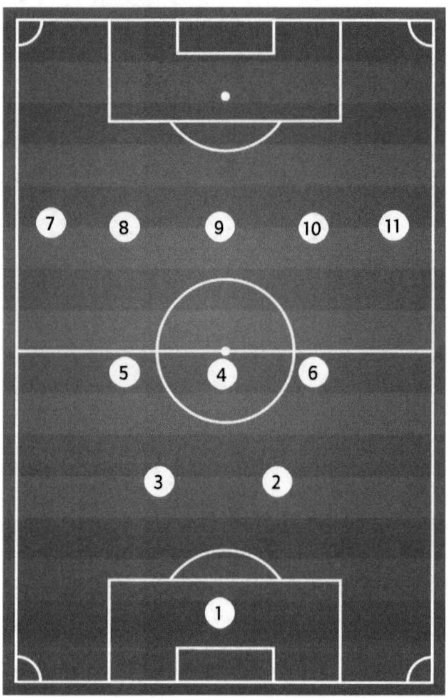

2-3-5-Formation

3-2-2-3-Formation:

Aufgrund des zusehends offensiven Systems und der modifizierten Abseitsregel reichten ein oder zwei Abwehrspieler nicht mehr aus, um die gegnerischen Angreifer in den Griff zu bekommen. Entsprechend wurde ein weiterer Spieler zurückgezogen und generell die Grundordnung zumindest mit ein wenig mehr Absicherung sowie Defensivbewegung versehen.

Erneut gingen die neuesten Entwicklungen mit Herbert Chapman auf einen Engländer zurück und die neue 3-2-2-3-Formation wurde zur Grundordnung schlechthin im englischen Spitzenfußball. Doch diesmal hatte England die Rechnung ohne andere Fußballnationen gemacht, denn nicht jeder griff ausnahmslos auf das sogenannte WM-System zurück.

In den 1950er-Jahren war es Zeit für die Ablösung Englands als Vorreiter in fußballtaktischen Fragen und England wurde von Ungarn überflügelt. Generell gilt das ungarische Team dieser Zeit als das beste in seiner Geschichte und eines der besten Nationalteams aller Zeiten. Das lag nicht nur an den herausragenden fußballerischen Qualitäten der Einzelspieler, sondern ebenso an der Grundordnung. Man agierte zwar ebenfalls in einem 3-2-2-3, doch man interpretierte die Positionen anders und setzte auf ein leicht verändertes Spielsystem mit einem zurückgezogenen Angreifer. Außerdem etablierten die Ungarn ein bis dahin noch nie dagewesenes Positionsspiel, dem viele Gegner nicht folgen konnten. Eines der wenigen standhaften Teams war zu dieser Zeit die deutsche Auswahl, die Ungarn im Finale der Weltmeisterschaft 1954 sensationell schlagen konnte und damit dem größten ungarischen Team aller Zeiten den großen Coup vermasselte. Bis heute ist das Wunder von Bern eines der größten Fußballmärchen in der Geschichte.

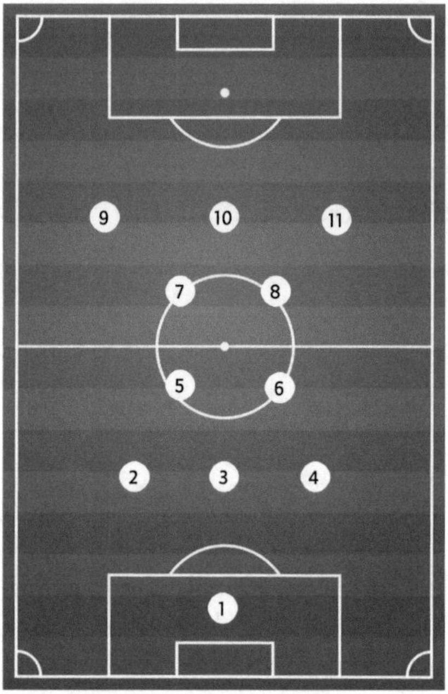

3-2-2-3-Formation

4-2-4-Formation:

Mehrere Jahre lang hatte Ungarn mit seinem Offensivfußball die Taktik geprägt und für große Unterhaltung bei den Zuschauern gesorgt. Gleichzeitig fungierte das ungarische System ebenso als Ausgangspunkt für weitere Offensivformationen. Ungarn avancierte zu dieser Zeit zum Vorbild des aufblühenden Brasiliens der 1950er-Jahre.

Der Schlüssel zum Erfolg lag darin, dass die Brasilianer von der Manndeckung zur Raumdeckung zurückkehrten. Damit ging man weniger mannorientiert und risikoreich zu Werke als die Ungarn zuvor. Ebenso veränderten die Südamerikaner die Grundordnung zum einem 4-2-4 mit offensiven Außenverteidigern. Die Abwehr wurde in Summe ohne Einbußen der eigenen Offensivkraft verstärkt.

Mit diesem System, welches phasenweise auch schnell zu einem marginal defensiveren 4-4-2 transformiert werden konnte, errangen die Südamerikaner zu dieser Zeit wahrhaft große Erfolge. Nach zwei panamerikanischen Fußballmeisterschaften 1952 und 1956 wurde das Team rund um den neuen Superstar Pelé im Jahr 1958 schließlich sogar Weltmeister und sorgte mit seinem Spielstil für die nächste Revolution im Weltfußball.

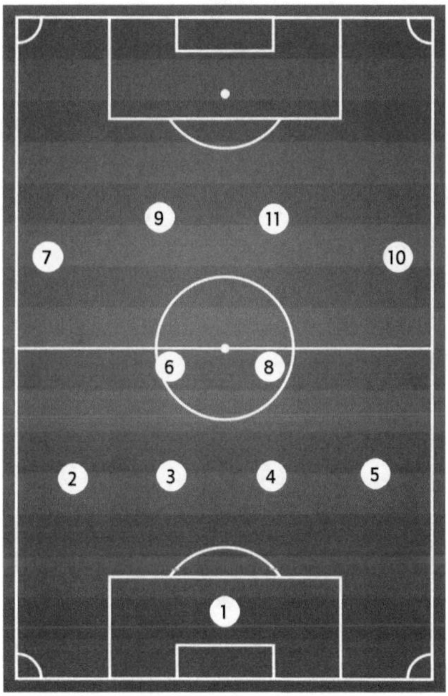

4-2-4-Formation

4-5-1-Formation:

Diese offensive Spielweise brachte allerdings auch das komplette Gegenteil hervor. In Italien wurde in den 1960er-Jahren der sogenannte „Catenaccio" etabliert, was so viel wie „Kette" oder „Riegel" bedeutet. Der Begriff steht sowohl im historischen Sinn als auch im modernen Fußball für einen überwiegend defensiv geprägten Fußball und wird im allgemeinen Sprachgebrauch ebenso als Mauertaktik bezeichnet.

Entstanden ist diese defensive Spielweise jedoch nicht in Italien selbst, sondern wurde vielmehr von einem Österreicher in der Schweiz entwickelt. Karl Rappan war das sogenannte WM-System stets zu offensiv und er vertrat die Überzeugung, dass er mit einer defensiven Grundstruktur und Taktik ebenso erfolgreich sein könne. Entsprechend sorgte Rappan in der Defensive mit einem zusätzlichen Spieler für größere Stabilität, der damalige „Schweizer Riegel" brachte Erfolge mit sich.

Nachdem in den 1950er-Jahren bereits phasenweise italienische Teams mit dem Catenaccio gegen Top-Teams bestehen konnten, setzte sich der Spielstil wenige Jahre später auch bei den besten Mannschaften Italiens durch. Besonders Inter Mailand mit Helenio Herrera machte sich den Catenaccio zu eigen und agierte hier überwiegend aus einem 4-5-1 oder teilweise einem 5-4-1 heraus, mit Erfolg.

Gegnerische Teams bissen sich folglich an der Inter-Defensive die Zähne aus und fanden im Bollwerk nur selten Lücken. Die engmaschige Defensivstrategie offenbarte wenige Räume und konnte nur schwer überspielt werden. Zudem ergaben sich durch das weite Zurückziehen sowie das damit verbundene Vorrücken des Gegners große Räume für ein zielgerichtetes Konterspiel.

So schaffte es Inter, gegnerische Mannschaften in die Verzweiflung zu treiben und mit blitzschnellen Kontern zu überrollen. Mit dieser Spielweise sprangen für Inter Mailand in den 1960er-Jahren einige Titel auf nationaler sowie internationaler Bühne heraus und noch heute sieht man immer wieder Mannschaften mit einem ähnlichen Konzept.

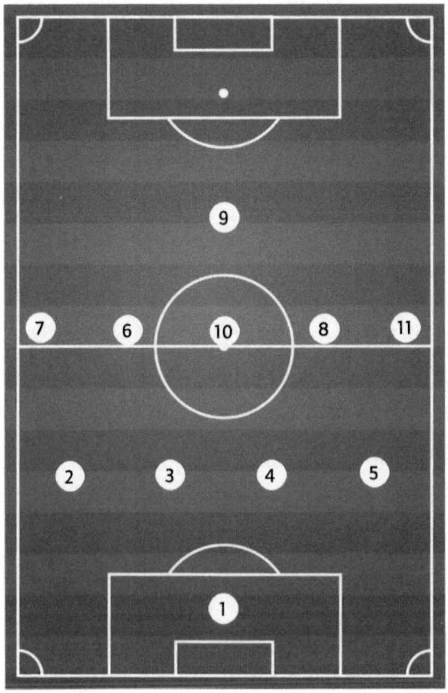

4-5-1-Formation

Der „totale" Fußball:

Diese defensive Spielweise hatte dagegen nicht überall ihre Bewunderer. In den Niederlanden setzte man in den 1970er-Jahren stattdessen auf den sogenannten „totalen Fußball".

Dieser baute stark auf das zuvor etablierte 4-2-4 auf und zeigte sich nicht selten in einer 4-3-3-Grundordnung. Es war eine Erweiterung des ansehnlichen Offensivfußballs, der fortan Generationen prägen sollte und auf den sich noch heute eine Vielzahl an Trainern berufen.

Das Besondere am totalen Fußball ist, dass alle Spieler abgesehen vom Torhüter stets bereit sein mussten, jede taktische Position bestmöglich zu spielen. Das ermöglichte dem eigenen Team ein immenses Maß an Flexibilität und somit ungeahnte Freiheiten, das perfekte Einbringen von individuellen Fähigkeiten sowie die bestmögliche Anpassung an das Spielgeschehen.

Für gegnerische Teams war dieses organisierte Chaos mit seinen ständigen Positionswechseln gleichwohl schwer ausrechenbar. Es ist also kein Wunder, dass Teams mit dem totalen Fußball in der Folge erfolgreich waren.

Ajax Amsterdam beherrschte diesen zu jener Zeit in Perfektion und gewann sowohl national als auch international einen Titel nach dem anderen. Und auch die niederländische Nationalmannschaft spielte diesen in Perfektion, doch wie schon die Ungarn in 1954 wurde auch die Niederlande im Jahr 1974 von einer deutschen Nationalmannschaft im WM-Finale ausgebremst und um ihren Lohn gebracht.

4-3-3-Formation:

Maßgebend für den Erfolg des totalen Fußballs war eben jene 4-3-3-Grundformation. Neu erfunden haben die Niederländer diese Anordnung nicht, denn bereits in den 60er-Jahren hatte England unter Trainer Alf Ramsey diese Formation bei der WM 1966 spielen lassen. Die Niederländer schafften es stattdessen, die Vorteile des 4-2-4 der Ungarn mit einer dafür noch besser geeigneten Formation zu verbinden und fügten ihre eigenen Prinzipien hinzu.

Das 4-3-3 ist grundsätzlich prädestiniert für Spielkontrolle, einen hohen Ballbesitzanteil und kann auch für ein zielgerichtetes hohes Pressing bestens genutzt werden. Das konnte sowohl die niederländische Nationalmannschaft als auch Ajax Amsterdam bereits zu frühen Zeiten eindrucksvoll demonstrieren. Darüber hinaus erleichtert es ebenso die bekannten Dreiecksmuster, welche besonders von Pep Guardiola heutzutage immer wieder angepriesen werden.

Noch heute ist diese Grundordnung überaus beliebt und findet in allen großen Ligen Beachtung. Top-Teams wie der FC Barcelona, Real Madrid, der FC Liverpool oder auch Manchester City konnten wenig überraschend in dieser 4-3-3-Formation letztlich ihre größten Erfolge feiern.

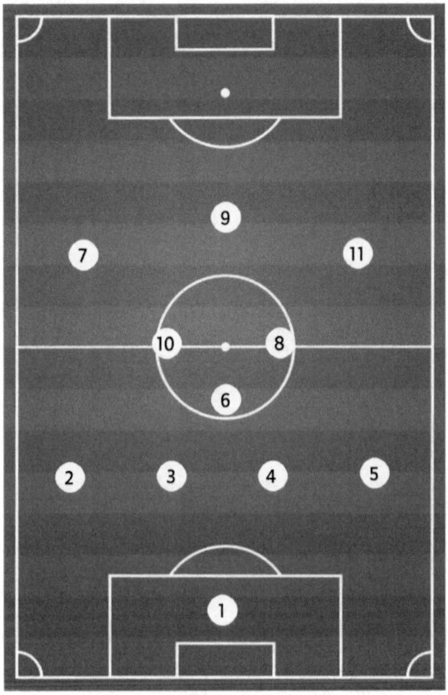

4-3-3-Formation

3-5-2- und 5-3-2-Formation:

Eine weitere in Italien durchaus beliebte Formation ist das 3-5-2, welches defensiv aber auch jederzeit zu einer massiven Fünferkette werden kann. Eingeführt wurde es in den 1980er-Jahren und stets weiterentwickelt, besonders der Argentinier Carlos Bilardo galt als großer Anhänger dieser Grundordnung. Unter ihm wurde Argentinien 1986 nicht nur Weltmeister, sondern konnte den Titel in eben jener Formation 1990 beinahe verteidigen. Einmal mehr war es Deutschland, das nach dem verlorenen WM-Finale vier Jahre zuvor einen Strich durch die Rechnung machen konnte.

Das Spannende an diesem 3-5-2 ist, dass diese Formation ein großes Maß an Flexibilität bietet. Ohne allzu große systematische Veränderungen kann mit dieser Grundordnung sowohl defensiv als auch äußerst offensiv agiert werden, ebenso ist Ballbesitzfußball ohne größere Probleme jederzeit denkbar. Dabei kann das Zentrum leicht abgesichert und sowohl die Breite als auch die Tiefe können optimal verteidigt werden.

Das sind Vorteile, die zum Beispiel Inter Mailand und Simone Inzaghi sehr zu schätzen wissen und jüngst große Erfolge einbrachten. Immerhin wurde Inter in den vergangenen Jahren nicht nur wieder italienischer Meister, sondern erreichte in eben jener Grundordnung das Finale der Champions League. Dieses ging zwar knapp verloren, doch man demonstrierte gegen Manchester City eindrucksvoll die eigenen Stärken und bot Guardiola & Co. über die volle Spieldauer die Stirn.

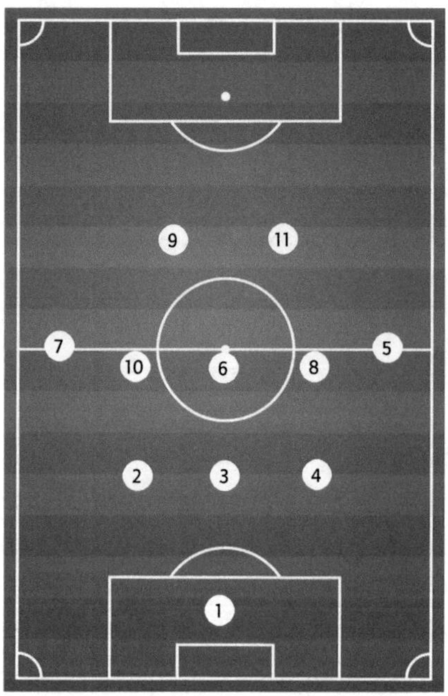

3-5-2-Formation

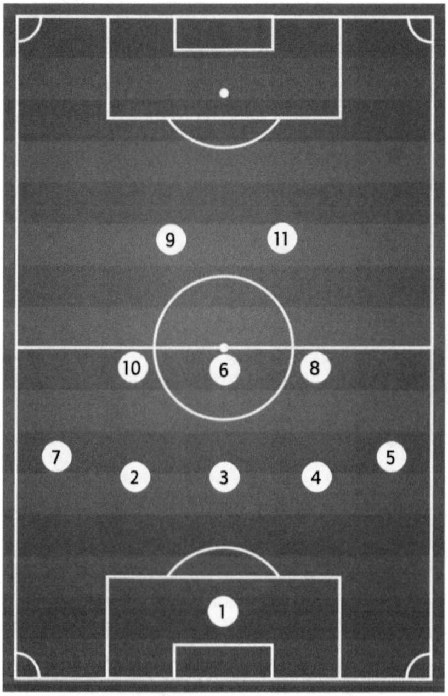

5-3-2-Formation

4-4-2-Formation:

Eine der bekanntesten und beliebtesten Grundordnungen unter Trainern ist die klassische 4-4-2-Formation. Besonders geschätzt ist sie aus dem Grund, dass sie ebenso wie die 3-5-2-Grundordnung viele verschiedene Interpretationen und somit Freiheiten zulässt. So kann das 4-4-2 real-taktische vollkommen unterschiedlich ausgelegt werden. Es ist eines der perfekten Beispiele für den Unterschied zwischen einer Formation und einem System.

Während das 4-4-2 auf dem Spielbogen bei beiden Teams gleich aussehen kann, sind auf dem Spielfeld unterschiedliche Herangehensweisen möglich. Am beliebtesten sind hierbei die Optionen des flachen 4-4-2 sowie einer Art Raute im Mittelfeld.

Die Vorteile dieser Formation sind neben der Flexibilität und den Anpassungsmöglichkeiten vor allem in der Kompaktheit gegen den Ball zu finden. Wird sie defensiv ausgelegt, müssen vom Gegner zwei dichte Abwehrreihen für die Torerzielung durchdrungen werden. Für Kontrahenten kann das schnell zu einem Geduldsspiel werden. Zudem kann durch eine solche Formation die Durchschlagskraft im Offensivspiel erhöht werden, indem die Mittelfeldspieler nachrücken und die Außenverteidiger ihre Rolle ebenfalls offensiv interpretieren.

Vor allem im Spiel gegen den Ball und somit in der Defensivbewegung setzen immer wieder Mannschaften auf ein kompaktes 4-4-2. Lucien Favre installierte es einst bei Borussia Dortmund und wurde aufgrund seiner taktischen Finesse beinahe Meister mit den Borussen. Allerdings entwickelten damals zunehmend mehr Teams Lösungen gegen Favres Dortmunder, wodurch die Spiele enger wurden, die Leichtigkeit verloren ging und man den Titel am Ende noch verspielte.

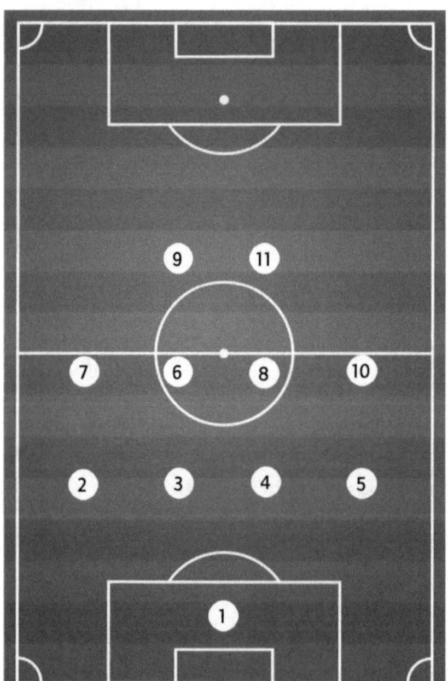

4-4-2-Formation

4-2-3-1-Formation:

Die in Deutschland bekannteste und in den vergangenen Jahren am meisten genutzte Formation ist und bleibt unangefochten das 4-2-3-1. Über Jahre hinweg ist es das favorisierte Spielsystem des FC Bayern München und war stets ein Garant für den sportlichen Erfolg. Einzig Julian Nagelsmann wich zu seiner Bayern-Zeit häufiger davon ab und versuchte, neue Grundordnungen zu installieren.

Grundsätzlich kann diese Grundordnung auf dem Feld sowohl offensiv als auch defensiv überaus erfolgreich genutzt werden. Wichtig ist jedoch, dass stets alle Spieler auf dem Feld ihre Rollen ausfüllen. Das heißt, dass die Flügelspieler in der Rückwärtsbewegung den Außenverteidiger beispielsweise zu unterstützen haben, damit keine Unterzahlsituation entsteht. Im Offensivspiel kann diese Unterstützung ebenfalls von Vorteil sein. Mittels konsequent aufrückender Außenverteidiger können hier Überzahlen generiert und es kann bis zur Grundlinie vorgedrungen werden.

Darüber hinaus ist sie bestens für Ballbesitzspiel geeignet und kann mithilfe eines zielgerichteten Positionsspiel eine Menge Druck erzeugen, dem Gegner nahezu keine Luft zum Durchatmen lassen. Und sollte das 4-2-3-1 in dieser Form aus irgendwelchen taktischen Gründen nicht greifen, kann es schnell auf ein 4-3-3, 4-4-2 oder gar 4-5-1 umgestellt werden. Das ermöglicht ein hohes Maß an Flexibilität.

Es ist also kein Wunder, dass der FC Bayern München mit seiner individuellen Qualität in Kombination mit dem wohl am besten zu den Spielern passendsten Spielsystem in den vergangenen Jahren mehrere große Erfolge feiern konnte. Vor einigen Jahren war das 4-2-3-1 sogar die Formation schlechthin und fand weltweit einige Nachahmer. Im deutschen Champions-League-Finale 2013 spielten mit Borussia Dortmund und dem FC Bayern München gar beide Teams mit dieser Grundordnung und zeigten eindrucksvoll, wie erfolgreich man damit agieren kann. Zumindest bei den Bayern ist es bis heute das favorisierte System.

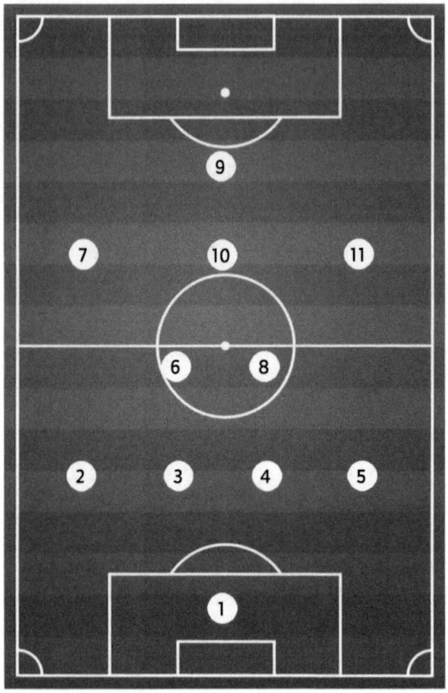

4-2-3-1-Formation

DIESE NAMEN SOLLTE MAN KENNEN

FRANZ BECKENBAUER – DIE LICHTGESTALT DES DEUTSCHEN FUSSBALLS

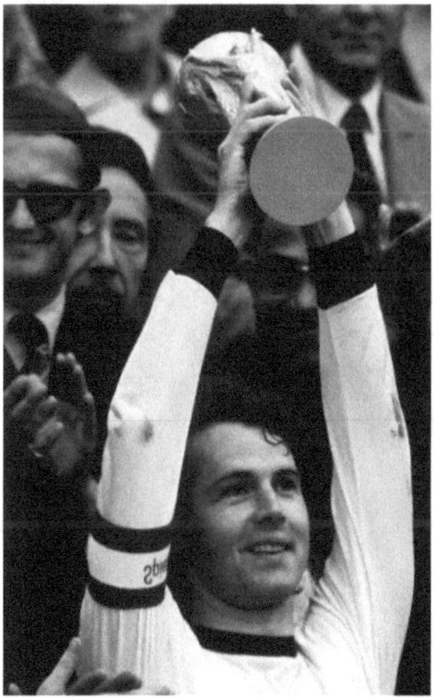

In der deutschen Fußballgeschichte gibt es zweifelsohne einige strahlende Gesichter, die jedem Fußballfan ein Begriff sind. Eine besondere Koryphäe war sicherlich Franz Beckenbauer, auch bekannt als der „Kaiser", das „Fußballgenie" oder die „Lichtgestalt". Nur wenige Fußballspieler erlangten weltweit vergleichbar große Anerkennung sowie Respekt wie der aus Giesing stammende Beckenbauer.

Dort begann der „Kaiser" seine Karriere und wechselte bereits früh zum FC Bayern München. Das war eine Überraschung, denn Beckenbauer galt einst als großer Fan des Münchner Stadtrivalen TSV 1860. Doch nach einem Schülerturnier entschied sich der junge Beckenbauer um und entwickelte sich in der Folge zu einem der größten Spieler in der Geschichte des FC Bayern München sowie zu einer der prägenden Figuren des Weltfußballs in den 1970er Jahren.[6]

Unterstrichen wird das von zahlreichen Titeln und Auszeichnungen, sogar zum Weltfußballer des Jahres wurde er einst gekürt. Kein Wunder, dass Beckenbauer bis heute als einer der weltweit besten Verteidiger der Fußballgeschichte gilt.

Als besonders imposant wird seine Ausstrahlung beschrieben, die ruhig, sachlich und doch bestimmt war. Trainerlegende Otto Rehhagel wusste dieses Charisma an einem Beispiel zu verdeutlichen. Würde Beckenbauer behaupten, dass der Ball in Wahrheit eckig sei, würden ihm das laut Rehhagel vermutlich alle glauben.[7]

Entsprechend ist es wenig verwunderlich, dass der „Kaiser" als Trainer ebenfalls große Erfolge vorzuweisen hat. Beckenbauer ist einer der ganz wenigen Protagonisten im Fußball, die sowohl als Spieler als auch als Trainer den Weltmeistertitel gewinnen konnten. Nach dem Titel als Spieler im Jahr 1974 folgte im Jahr 1990 lediglich vier Jahre nach seiner Berufung zum Nationaltrainer die Wiederholung dieses Meisterstücks. Unvergessen bleibt hier, wie Beckenbauer nach dem Spiel über den Rasen in Rom schlenderte. Das waren Bilder, die wahrlich um die Welt gingen und für Gänsehaut sorgten.

Im Anschluss wurde Beckenbauer im Dezember 1998 zum Chef des deutschen WM-Bewerbungs-Komitees ernannt. In dieser Rolle hatte er maßgeblichen Anteil daran, dass die Weltmeisterschaft 2006 an Deutschland vergeben wurde. Das Sommermärchen 2006 hätte es ohne Beckenbauers Bemühungen womöglich nicht gegeben. Doch einige Jahre nach dem Turnier prägten negative Schlagzeilen die Zeitungen und er zog sich in der Folge aus der Öffentlichkeit zurück. Der „Kaiser" lebte fortan sehr

---

[6] Bundesliga [B], 2012

[7] B, 2012

zurückgezogen in Salzburg, Interviews und öffentliche Statements waren rar. Gesundheitliche Probleme machten Beckenbauer ebenso zu schaffen wie die Geschichten rund um die WM-Vergabe. Und obwohl die Vorwürfe verjährten, hinterließen sie bei Beckenbauer Spuren.

Am 7. Januar 2024 starb er im Alter von 78 Jahren und die Fußballwelt wurde um eine weitere Legende des Sports ärmer.

PELÉ – EINE INSPIRATION FÜR NACHFOLGENDE GENERATIONEN

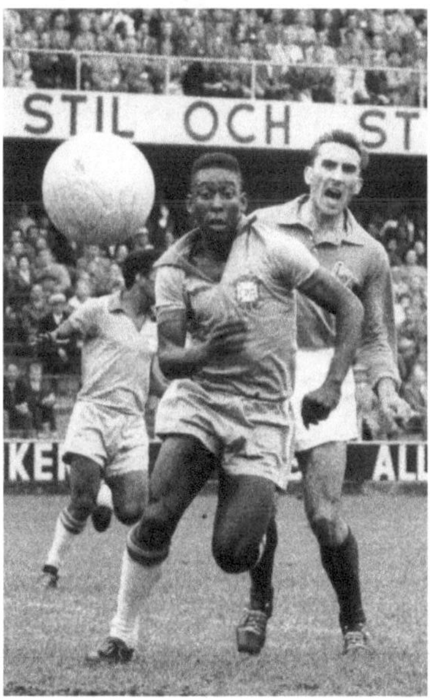

Der 29. Dezember 2022 glich einem weltweiten Trauertag. Von überall auf der Welt hagelte es förmlich Anteilnahmen, denn nach zähem Kampf war einer der größten Fußballer der Geschichte von uns gegangen: Edison Arantes do Nascimento, oder mit anderen Worten Pelé.

In der Geschichte der wohl schönsten Nebensache der Welt war er einer der Protagonisten während der schwierigen Nachkriegszeit, und das trotz seines Alters. Pelé, der Sohn eines Provinz-Fußballers und einer Wäscherin, startete im Alter von zwölf Jahren seine Fußballkarriere. Mit 15 Jahren wechselte er bereits zum traditionsreichen FC Santos und sollte in der Folgezeit schnell die Herzen der Fans für sich gewinnen können. Aufgrund seiner unbekümmerten, trickreichen und leichtfüßigen Spielweise wurde er schon in jungen Jahren zum Schrecken sämtlicher Abwehrketten. Die folgende Berufung in die Nationalmannschaft Brasiliens überraschte Fans und Experten kaum und bescherte ihm im Alter von 17 Jahren die Teilnahme an der Weltmeisterschaft 1958.

Während die meisten Teenager in diesem Alter die Schule besuchen, eine Ausbildung anfangen und lediglich in der Freizeit kicken, avancierte der junge Pelé zur Sensation der WM 1958 in Schweden. Eine Jokerrolle blieb ihm verwehrt, dafür spielte der Angreifer eine zu wichtige Rolle im Team des späteren Weltmeisters.

Maßgeblichen Anteil an diesem Titel hatte eben jener Teenager, der anschließend den Großteil seiner Karriere beim FC Santos verbringen sollte und erst nach 18 Jahren zu Cosmos New York in die Vereinigten Staaten wechselte. Das war trotz seiner überragenden Statistiken und Leistungen ein kleiner Fleck in der Karriere von Pelé, denn viele hätten den Brasilianer gerne in einer europäischen Liga spielen sehen.

Zweifelsfrei hätte Pelé seine Qualitäten allerdings nicht mehr unter Beweis stellen müssen. Die Zahlen seiner Karriere, drei Weltmeistertitel, Auszeichnungen als Weltfußballer des Jahrhunderts sowie zum Sportler des Jahrhunderts sind Ausdruck genug. Und so beendete der große Pelé nach seiner Station in New York seine Karriere und fungierte wenig später als UN-Sonderbotschafter.

Seitdem trat Pelé, dessen Spitzname eine Anlehnung an den Torwart des Teams seines Vaters ist, immer wieder kurzzeitig mit Auftritten in Erscheinung. So erhielt er, trotz seines Lebensstils mit unzähligen Beziehungen und Affären sowie sieben daraus resultierenden Kindern, eine Audienz beim Papst. Zudem wurde der Ikone die Ehre zu Teil, bei der WM 2006 in Deutschland den WM-Pokal ins Stadion tragen zu dürfen. Selbst für einen solch verdienten Sportler dürfte das ein besonderer Moment gewesen sein.

In den darauffolgenden Jahren zog sich Pelé immer weiter aus der Öffentlichkeit zurück und schaltete sich ausschließlich für fußballspezifische Fragen ein. Auch die eine oder andere polarisierende Aussage konnte von Pelé erwartet werden. Die weltweiten Schlagzeilen füllte der ehemalige Offensivstar allerdings erst wieder im September 2021. Bei der Fußballikone war ein Tumor im Dickdarm festgestellt worden. Nach einem verschlechterten Gesundheitszustand und einigen Krankenhausaufenthalten erholte sich die Legende davon wieder. Die Fußballwelt atmete tief durch.

Die Entwarnung hatte allerdings nicht lange Bestand. Ende November 2022 häuften sich erneut die Aufenthalte im Krankenhaus. Die Chemotherapie musste angepasst und die Behandlung ausgeweitet werden. Der Krebs hatte sich ausgebreitet und schritt voran. Nach intensiver Pflege aufgrund von weiteren Problemen mit Nieren und Herz verstarb er im Dezember 2022. Einer der größten Fußballer der Geschichte ging von uns, doch sein Vermächtnis wird für immer erhalten bleiben.

JOHAN CRUYFF – DER REVOLUTIONÄR

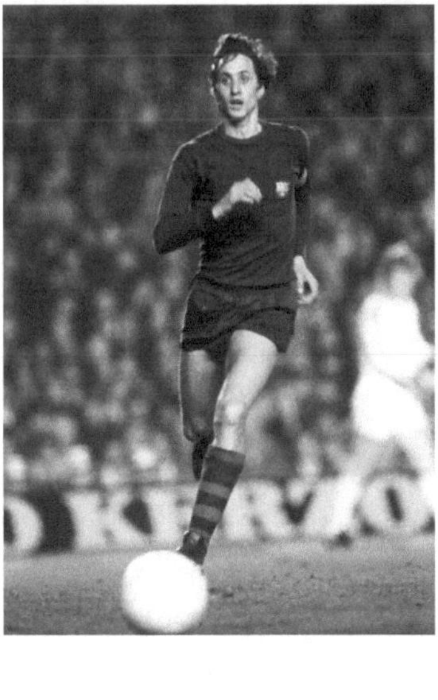

Es gibt Spieler, die einen ganzen Verein auf ein neues Level heben. Es gibt auch schon Trainer, die das zu tun vermochten. Als Spieler und als Trainer zwei der glorreichsten Vereine der Welt sowie eine ganze Fußballnation zu prägen und bis heute maßgebend zu beeinflussen, das schaffte wohl nur einer. Nicht umsonst spielen die Profis von Ajax Amsterdam und die Junioren und Frauen des FC Barcelona heute in Stadien, die nach ihm benannt sind: Johan Cruyff.

Ajax Amsterdam

Geboren wurde Hendrik Johannes Cruyff am 25. April 1947 in der niederländischen Metropole Amsterdam; er wuchs nur unweit des Stadion De Meer, Heimat von Ajax Amsterdam, auf. In einfachen Verhältnissen aufgewachsen, gab es für den kleinen Johan nur einen Traum: Er wollte Fußballprofi werden. So wechselte er schon mit zehn Jahren in den Nachwuchs von Ajax. Der junge Cruyff glänzte von Anfang an mit einer fantastischen Technik und einer überragenden Spielintelligenz. Körperlich hingegen war der Offensivspieler seinen Altersgenossen weit hinterher. Erst mit 15 Jahren soll er in der Lage gewesen sein, einen Eckball bis vor das Tor zu schlagen. Die Zweifel blieben auch, als er mit gerade mal 17 Jahren für die erste Mannschaft debütierte und gleich seine ersten Treffer erzielte. Nur rund 60 Kilogramm wog der 1,78 Meter große Cruyff damals, war zudem schon in jungen Jahren Kettenraucher. Seine Qualität auf dem Platz sollte hingegen auch die letzten Zweifler verstummen lassen. Als im Januar 1965 Rinus Michel als Trainer übernahm, begann für Ajax und Cruyff eine neue Zeitrechnung. Michel etablierte den „Voetbal Totaal", den totalen Fußball, der sich durch eine hohe Intensität und ständige Positionswechsel auszeichnete. Speerspitze des 4-3-3 von Ajax war der blutjunge Johan Cruyff, der sich nominell als Stürmer aufgestellt immer wieder auf die Spielmacher-Position fallen ließ um mit seiner Übersicht und messerscharfen Pässen seine Mitspieler in Szene zu setzen. Trotzdem erzielte er in seiner ersten kompletten Saison als Profi 33 Tore und konnte mit Ajax den Meistertitel erringen. Das war ein Erfolg, den er mit den Amsterdamern von 1966 bis 1973 sechsmal erreichen konnte, dazu kamen vier Pokalsiege.

Von 1971 bis 1973 krönte sich Ajax mit dem Gewinn des Europapokals der Landesmeister dreimal in Folge zum König Europas, 1971 und 1973 wurde Cruyff als überragender Mann dieser Elf zu Europas Fußballer des Jahres gewählt. Rinus Michel, Vater des Erfolgs, verließ Ajax schon nach dem ersten Titel Richtung Barcelona, abgelöst wurde er von Stefan Kovacs. Dieser konnte noch die Früchte der Arbeit seines

Vorgängers ernten, Cruyff erkannte jedoch bereits, dass es im Verein so langsam kriselte. Zu stark setzte der Rumäne auf die Eigenverantwortung der Spieler, gab ihnen keinen genauen Matchplan mit auf den Weg. Viele der Akteure wussten teilweise nicht, was auf dem Platz von ihnen zu erwarten war, bemängelt Cruyff in seiner Biografie. Das Fass zum Überlaufen brachte zu Beginn der Saison 1973/1974 der Nachfolger von Kovacs, George Knobel. Trotz seiner allzeit überragenden Leistungen, Curyff hatte in seiner Zeit bei Ajax 190 Tore geschossen und beinahe ebenso viele vorbereitet, war er mannschaftsintern nicht unumstritten. Als schwierig galt sein Charakter, egoistisch und arrogant. Als Knobel dann zu Cruyffs Entsetzen eine Kapitänswahl anordnete, anstatt den langjährigen Spielführer im Amt zu bestätigen, erhielt er die Retourkutsche für sein Verhalten. Piet Keizer wurde ihm von seinen eigenen Mitspielern vorgezogen. Nur Minuten später rief ein schwer getroffener Cruyff seinen Berater und Schwiegervater Cor Coster an und bat ihn, für ihn einen neuen Club zu finden. Jener Coster war es, der sich seit dem ersten Treffen mit seinem in Finanzfragen planlosen Schwiegersohn um dessen Belange kümmerte und für Ajax Amsterdam und alle interessierten Clubs alleiniger Ansprechpartner werden sollte. Coster war außerdem daran beteiligt, die Spielergewerkschaft VVCS zu gründen; sein eigener Schwiegersohn trat dieser nie bei.

FC Barcelona

Cruyffs fußballerischer Vater, Rinus Michel, ging zwei Jahre zuvor nach Barcelona, für ausländische Spieler öffnete der spanische Verband allerdings erst 1973 die Tore. Beeindruckt von Wetter, Stadt und Verein wechselte der Weltfußballer schließlich nach zähen Verhandlungen für eine Weltrekordsumme von über 2 Millionen Mark nach Spanien. Barcelona hatte damals seit über einem Jahrzehnt keinen Ligatitel gewinnen können, zu groß war die Übermacht der Königlichen aus Madrid, Lieblingsclub des spanischen Dikator Franco. Sein Debüt gab der niederländische Ballkünstler aufgrund seines späten Transfers erst am achten Spieltag, Barca stand zu diesem Zeitpunkt knapp über der Abstiegszone, gegen

Granada traf er doppelt. 24 Ligaspiele in Folge musste Barcelona keine Niederlage mehr erfahren, am Ende der Saison stand die Meisterschaft. Krönen konnte Cruyff, der 16 Tore beisteuerte, dieses Fabeljahr mit einem herausragenden WM-Turnier in Deutschland.

Drei Tore und sieben Vorlagen steuerte er zum Finaleinzug der Niederländer bei, glitt dabei scheinbar mühelos an seinen Gegenspielern vorbei, die ihn oft nur mit brutalen Tritten aufhalten konnten. Im Finale unterlag er dann der deutschen Elf um Franz Beckenbauer, der später sagte: „Cruyff war der bessere Spieler aber ich bin Weltmeister." Trotzdem wurde er völlig zurecht zum dritten Mal als Europas Fußballer des Jahres geehrt, stand am Zenit seines Schaffens. Zurück in Barcelona wurde er nun immer seltener in vorderster Front eingesetzt, sondern leitete das Spiel aus dem Mittelfeld mit seiner unvergleichlichen Eleganz und Bällen in die Schnittstelle. Einen Meistertitel konnte er mit den Katalanen allerdings nicht mehr erringen, zu stark war in den Folgejahren Real Madrid. 1978 gab Cruyff nach dem Gewinn des spanischen Pokals, Copa del Rey genannt, seinen (ersten) Rücktritt vom Fußball bekannt.

Die Wanderjahre

Es folgte sein offizielles Abschiedsspiel 1978 gegen den FC Bayern, bei dem die Münchner dermaßen übermotiviert waren, dass sie Cruyffs Ajax-Team 8:0 besiegten. Das konnte nicht sein, dass der große Johan Cruyff so abtritt. Also spielte er kurzerhand noch einmal sechs Jahre weiter, in den USA, noch einmal bei Ajax und ganz zum Schluss ausgerechnet beim größten Erzfeind, Feyenoord Rotterdam.[8] Tatsächlich hatte seine Rückkehr zum Fußball jedoch andere Gründe. Nach seinem Karriereende entschied sich Cruyff, in die Geschäftswelt zu wechseln. Dort zeigte er sich nicht annähernd so virtuos wie auf dem Fußballplatz, ein Investment in eine Schweinefarm riss ihn beinahe in den Ruin. Daher entschied er

---

8 Peter Ahrens [PA], 2016

sich, mit 31 Jahren noch jung und gesund genug, in die USA zu wechseln und dort den finanziellen Verlust auszugleichen. In der als Operettenliga verschrienen NASL wurde er auf Anhieb Spieler des Jahres. Nach zwei Jahren bei den LA Aztecs und den Washington Diplomats hatte er jedoch wieder genug von den USA. Nach einem kurzen Abstecher in die 2. spanische Liga zu UD Levante landete er schließlich wieder dort, wo alles begann, in Amsterdam. Bei Ajax blieb er zwei Jahre am Ball, konnte in beiden Jahren als Spielmacher den Meistertitel erringen. Als sein Vertrag mit 36 Jahren nicht mehr verlängert wurde, war Cruyff erneut eingeschnappt und wechselte zum großen Rivalen aus Rotterdam, wo er in seiner letzten Saison erneut die Liga sowie den Titel als Fußballer des Jahres gewinnen konnte.

Der Trainer Cruyff

Nur ein Jahr nach seinem Karriereende zog es Cruyff dann wieder zurück nach Hause, zu Ajax Amsterdam. Dort übernahm er im Sommer 1985 vom zurückgekehrten Trainer Rinus Michel und verwendete seine Energie fortan daran, dessen totalen Fußball weiter zu verbessern. Noch heute laufen bei Ajax selbst die Jugenden im von Cruyff so geliebten 4-3-3 auf, spielen den für Verein typischen ballbesitzorientierten Offensivfußball. Außerdem verstand er sich wie kaum ein anderer darauf, junge Spieler wie Dennis Bergkamp, Marco van Basten oder Frank Rijkaard zu fördern. Einen Meistertitel konnte er mit Ajax als Trainer nie gewinnen, dafür zweimal den Pokal und einmal den Europapokal der Pokalsieger, der erste internationale Triumph der Niederländer seit seinem ersten Abschied aus der Grachtenstadt.

1988 kehrte Cruyff dann nach Barcelona zurück, dieses Mal als Trainer. Der dort bereits als Spieler gefeierte „El Salvador“, der Erlöser, nutzte seinen Kredit bei Verein und Fans und nahm sich die Zeit, den Verein von Grund auf umzubauen. Die Förderung der jungen Spieler in der berühmten Akademie La Masia wurde wieder forciert und modernisiert. Mit Spielern wie Messi, Xavi und Iniesta sowie in den vergangenen

Jahren Balde, Fati und Yamal ist dieses System seitdem unabdingbar für den fortwährenden Erfolg der Katalanen. Er entwickelte seine Fußballphilosophie weiter und setzte fortan immer häufiger auch auf eine 3-4-3-Formation, in dem die Spieler stets Dreiecke bildeten und es dem Gegner in dieser Struktur fast unmöglich machten, an den Ball zu kommen. Von essenzieller Wichtigkeit für dieses System war der athletisch schwache aber passsichere und hochintelligente Mittelfeld-Akteur Pep Guardiola, einer von Cruyffs Lieblingsschützlingen. In ihm - ihr werdet im Laufe des Buches noch mehr über den Spielmacher erfahren - lebt und gewinnt noch heute die Philosophie des Johan Cruyff. Denn nur der Ballbesitz selbst interessierte Cruyff nicht. Er wollte, dass seine Spieler verstehen, dass sie um den Ball zu behalten und ihn in Richtung des gegnerischen Tores zu bewegen, ihn in konstanter Bewegung halten müssen. Das war der Schlüssel, um Imbalance in der Formation des Gegners und Räume zu schaffen, die erlauben, in gefährliche Zonen vorzudringen.[9] Mit Spielern wie Hristo Stoitchkov, Michael Laudrup und Ronald Koeman konnte Cruyff vier Meisterschaften sowieso zwei Europapokale gewinnen, ehe er sich 1996 mal wieder mit Vereinsoberen verstritt und den Verein verließ. Es sollte seine letzte Station im Vereinsfußball sein.

In der Folge trat er, wieder in Amsterdam und Barcelona, als Berater der Vereine in Erscheinung, von Dauer war keins seiner Engagements. Am 24. März 2016 verstarb Johan Cruyff, der 1991 nach einem Herzinfarkt mit dem Rauchen aufgehört hatte, in Barcelona an Lungenkrebs. Ein letztes Mal verneigte sich die Fußballwelt vor einem der ganz Großen, dessen Vermächtnis noch heute in jedem einzelnen Fußballspiel zu erkennen ist.

---

9 Tony Hodson [TH], unbekannt

GEORGE WEAH – DER FUSSBALLER-PRÄSIDENT

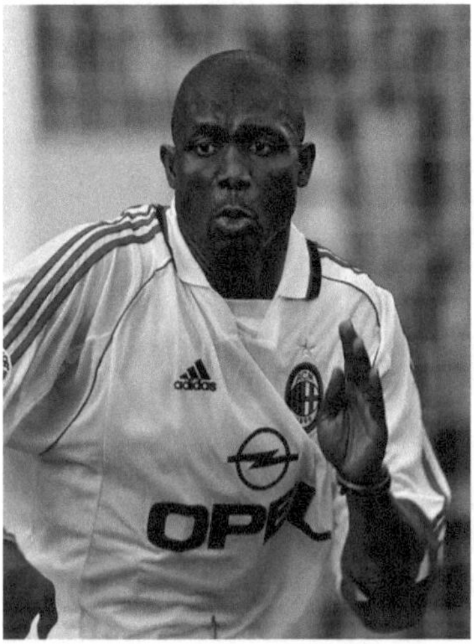

Der Fußball bewegt die Menschen, das ist keine neue Information. Meistens sind es Einzelpersonen, Mannschaften oder einzelne Fangruppen. Doch von Zeit zu Zeit passiert es, dass unser Sport eine ganze Nation packt und etwas ganz Besonderes entsteht. Vielen Deutschen ist die WM 2006 noch sehr präsent, ein Turnier, das noch heute unter dem Begriff Sommermärchen für strahlende Augen sorgt. Die Weltmeisterschaft im eigenen Land war für Deutschland die Chance, sich nach innen und außen neu zu präsentieren. Mit Stolz und Begeisterung wurden Fahnen geschwenkt, sich Schwarz-Rot-Gold geschminkt und die Nationalhymne geschmettert, plötzlich gab es wieder offenen Patriotismus in Deutschland. Es handelte sich um einen neuen Patriotismus einer neuen Generation, der nichts mehr mit nationalsozialistischem Denken zu tun hatte, sondern sich auf das gemeinschaftliche Feiern im Umfeld des Fußballspektakels konzentrierte.[10] Auch international konnten sich die Deutschen neu profilieren. Plötzlich war „die Welt zu Gast bei Freunden", in einem weltoffenen Deutschland. Bundeskanzlerin Angela Merkel sagte dazu: „Die Ausländer haben uns nicht zugetraut, dass wir länger als eine Stunde fröhlich sein können." Sie wurden eines Besseren belehrt und so sprach auch die englische Zeitung The Independent davon, dass sich die Deutschen Freunde gemacht hätten, empfahl Deutschland sogar als Urlaubsland.[11] Aber was hat das Sommermärchen mit George Weah zu tun?

---

[10] Jana Jöckel [JJ], 2015

[11] JJ, 2015

Auf den ersten Blick nicht viel, schließlich beendete der Stürmer vier Jahre zuvor seine Karriere. Doch wie das Sommermärchen bewegte Weah nicht nur einzelne Menschen, er bewegte ganz Liberia. Der Junge aus Gibraltar, einem Slum der Hauptstadt Monrovia, der es in die europäischen Topligen geschafft hat. Er inspirierte damit nicht nur die Massen an jungen, liberianischen Fußballern, sondern eine ganze Nation dazu, zu träumen - trotz oder gerade wegen der herausfordernden Umstände. Er zeigte ihnen, dass Träume wahr werden können – selbst für Liberianer.[12]

Am Anfang stand eine Prophezeiung

Am 01. Oktober 1961 geboren, wuchs George Tawlon Manneh Oppong Ousman Weah nach der Trennung seiner Eltern bei seinen Großeltern in Monrovia, der Hauptstadt Liberias, auf. „Sein Verein" war schon früh Invincible Eleven, heute mit 13 Titeln Rekordmeister der liberianischen First Division. Sein Debüt im professionellen Fußball gab der begeisterte Straßenfußballer jedoch für den großen Lokalrivalen Mighty Barrolle, das ebenfalls 13 Meisterschaften feiern konnte, denn trotz einiger Probetrainings wurde der Angreifer immer wieder von seinem Herzensteam abgelehnt. Also schickte sich Weah an, beim größten Rivalen für Furore zu sorgen und die Verantwortlichen der Invincible Eleven so auf sich aufmerksam zu machen. Trotz starken Leistungen im direkten Aufeinandertreffen der beiden Teams aus Monrovia kam niemand aus den Reihen der IE auf den jungen Weah zu, also musste er sein Schicksal selbst in die Hand nehmen. Alhaji Yaya Kamara, ein erfolgreicher Geschäftsmann und großer Fan der IE, wurde damals als der „Medizinmann" des Clubs bezeichnet. Er kümmerte sich um das Scouting junger Spieler, ließ sie nicht selten bei sich wohnen und pflegte eine enge Beziehung zum Vereinspräsidenten. Kamara war es, an den sich Weah in seiner Verzweiflung wandte und tatsächlich nahm er den jungen Angreifer unter seine Fittiche. Gemeinsam gingen sie zum Trainingsplatz der Unbesiegbaren, wo Kamara die Trainer eindringlich dazu aufforderte, sich um Weah zu kümmern, ihn

---

12 Rodney D. Sieh [RS], 2023

sogar als seinen eigenen Sohn bezeichnete. Sein Wort hatte Gewicht und so lief Weah fortan für seinen Lieblingsverein auf. Am Abend vor Weahs erstem Einsatz für IE besuchte Alhaji Yaya Kamara wie so oft einen Geistlichen und bat ihn, für das Team zu beten. Nach erfolgtem Gebet berichtete er, er habe einen neuen Spieler im Team gesehen. Diesen Spieler sah er alle anderen überragen; er werde in Zukunft jemand besonderes sein. Das war eine Prophezeihung, die sich bewahrheiten sollte, doch nicht ohne harte Arbeit.

Trainer der Invincible Eleven war zu dieser Zeit der Südafrikaner Mohammed Fernando Sithole, der schnell das Potenzial Weahs erkannte. Der Stürmer verfügte schon damals über einen exzellenten Abschluss, doch am beeindruckendsten war die Art und Weise, wie er mit flinken Füßen und wahnsinnigen Tricks an den Verteidigern vorbeizog. Sein größtes Manko zu dieser Zeit war jedoch die Fitness, das erkannte auch Sithole und ordnete eine Maßnahme an, die im heutigen Profifußball so kaum vorstellbar wäre. Einen Monat lang durfte Weah nicht Fußball spielen, sondern jeden Tag um Kamaras Haus rennen – dreißigmal. Für den leidenschaftlichen Fußballer Weah war dieser Monat eine Tortur, oft mussten ihn Kamara und Sithole anspornen, um seinen Körper in die Form zu bringen, die es ihm erlaubt, sein Potenzial voll auszuschöpfen. „Siehst du, wie viele Leute Roger Mila und Maradona heute hinterherrennen? Genauso viele werden morgen hinter dir herrennen."[13], versprach der Trainer und wählte dabei bewusst zwei der größten Fußballer dieser Zeit. Wie Weah Sitholes Tochter selbst versicherte, hätte er ohne den Trainer nie das erreicht, was er später im Fußball vollbringen sollte. Bald schon entwuchs Weah dem kleinen Liberia fußballerisch und so schloss er sich 1987 dem Hauptstadtclub Tonnerre Yaoundé in Kamerun an. Zu diesem Zeitpunkt war er in seiner Heimat schon so populär, dass Tonnerre urplötzlich in den liberianischen Gazetten auftauchte, jedoch ebenso schnell wieder verschwand. Denn nach nur 18 Einsätzen, bei denen er beeindruckende 14 Tore erzielte, sollte Weahs Zeit in Kamerun schon wieder zu Ende sein.

---

13 RS, 2023

Der Weg nach Europa

Zu dieser Zeit machte in Frankreich ein junger Trainer von sich reden, der mit dem AS Monaco in seiner ersten Saison im Verein den Meistertitel erringen konnte: Arsène Wenger. Dieser Wenger, heute eine der größten Trainerlegenden des Fußballs, erinnert sich 18 Titel und weit über 1000 gecoachte Spiele später an ein Essen mit dem damaligen Nationaltrainer Kameruns, Claude Le Roy. „Er kam, um mich in Monaco zu sehen. Ich vertraute ihm beim Mittagessen an, dass es mir Sorgen bereitete, dass Mark Hateley (Monacos Toptorschütze im Meisterjahr) sich so oft verletzte. Ich suchte nach einem Stürmer, der für ihn einspringen kann. Er erzählte mir sofort von einem Spieler von Tonnerre Yaoundé."[14] Dieser Spieler war kein geringerer als der damals 23 Jahre alte Weah. Wenger blieb dran, telefonierte nach dessen Rückkehr nach Kamerun wöchentlich mit Le Roy und sendete schließlich einen Scout zu einem Spiel von Tonnerre. Weah wusste in diesem Spiel nicht zu überzeugen, doch jedes Mal, wenn der Stürmer an den Ball kam, schrie die Menge enthusiastisch auf. Ein gutes Zeichen für Wenger, der ihn daraufhin nach Monaco holte. Doch die ersten Schritte im europäischen Fußball waren nicht einfach für Weah, wie sich Wenger erinnert: „Bei seiner ersten Trainingseinheit machte er einen erbärmlichen Eindruck: Er war körperlich überhaupt nicht bereit. Jeder dachte, er wäre hoffnungslos, unbeholfen."[15] Doch wie schon Sithole, nahm sich auch Wenger des Rohdiamanten an und schliff ihn weiter und weiter, mit Vertrauen und vor allem mit harter Arbeit. Er entwickelte sich rasant, sowohl fußballerisch als auch körperlich und mental. Und so erzielte er am 21. September 1988 in seinem zweiten Startelfeinsatz in der französischen Ligue 1 nach nur sieben Minuten seinen ersten Treffer für Monaco; in der 67. Spielminute folgte dann schon das zweite Tor. In den kommenden vier Jahren im Dress der Monegassen entwickelte sich Weah zu einem der besten Stürmer der Welt, seine Interpretation der Position gilt als maßgebend für folgende Generationen an Torjägern. Denn

---

14 Arsene Wenger [AW], 2020

15 AW, 2020

Weah war kein reiner Strafraumspieler, der vor dem Tor auf seine Gelegenheiten wartete. Wie im Training war er auch auf dem Platz ein harter Arbeiter, der sich den Ball auch häufiger an der Mittellinie oder sogar in der eigenen Hälfte schnappte und ihn Richtung gegnerisches Tor trieb. Dabei zeigte er immer wieder seine enorme Geschwindigkeit, die es für gegnerische Verteidiger fast unmöglich machte, ihn zu stoppen. Schafften es die Abwehrspieler doch einmal, Weah in einen Zweikampf zu verwickeln, standen sie vor dem nächsten Problem. Dann zeigte er nämlich die beeindruckende Ballkontrolle, die er früh auf den Straßen Monrovias erlernte und ließ die Gegenspieler mit wieselflinken Haken und Finten aussteigen. Gepaart mit einer bei seinem schlanken Körperbau überraschenden Robustheit war er zu dieser Zeit ein Albtraum für jeden Verteidiger. Nicht minder bemitleidenswert waren auch die gegnerischen Torhüter: Abstauber, Lupfer, Distanzschuss oder Kopfball – Weah konnte den Ball auf jede erdenkliche Weise über die Linie befördern. Für Monaco tat er dies allein in der Liga 47-mal, was ihm neben dem Pokalsieg im Jahre 1991 auch seine erste individuelle Auszeichnung einbrachte.

Angekommen in der Weltklasse

1989 wurde George Weah zum ersten Mal zu Afrikas Fußballer des Jahres gekürt. Diese Leistungen blieben auch dem damals aufstrebenden Paris Saint Germain nicht verborgen, das 1992 umgerechnet 6,5 Millionen Euro an die Côte d'Azur überwies, um sich die Dienste des Liberianers zu sichern. In der heutigen Zeit ein lachhafter Betrag für einen Weltklasse-Stürmer, wo doch der gleiche Verein 222 Millionen für Neymar zahlte; damals wurde damit aber knapp der französische Transferrekord verpasst. Gleich in seiner ersten Saison für PSG konnte Weah 23 Treffer erzielen, führte den Club bis ins Halbfinale des UEFA-Cups. Nach einem weiteren Pokalsieg 1993 und der Meisterschaft 1994 hatte Weah die Chance, sich in der Champions League zu präsentieren und so endgültig auf internationaler Bühne zu beweisen, dass er zu den Besten der Welt zählt. Genau das machte er auf unnachahmliche Art und Weise, als er im Gruppenspiel gegen den deutschen Rekordmeister FC Bayern München die gesamte Defensive auf dem umgangssprachlichen Bierdeckel austanzte und Oliver Kahn im Kasten der Bayern mit einem wuchtigen Abschluss in den Winkel keine Chance ließ. Das war ein Tor wie ein Gedicht, bei dem ich jedem Leser einen kurzen Abstecher auf YouTube nur empfehlen kann. Trotz sieben Toren in 9 Spielen war für die Pariser der Traum vom Titel im Halbfinale beendet, sie mussten sich der übermächtigen AC Mailand geschlagen geben. Auch Weahs Zeit in Paris war im Sommer 1995 zu Ende, er kehrte der Stadt der Liebe den Rücken und wechselte zum Halbfinalgegner aus Mailand – nicht ohne vorher noch seinen dritten Pokalsieg einzutüten. Auch in Mailand hörte Weah einfach nicht auf zu treffen. In seinen ersten vier Ligaspielen konnte er mit mindestens einer Torbeteiligung glänzen, am Ende seiner Premierensaison waren es derer 25 in 26 Ligaspielen. Gekrönt wurde diese Fabelsaison nicht nur durch den Gewinn der italienischen Meisterschaft; 1995 wurde Weah als bester Spieler der Welt mit dem Ballon d'Or ausgezeichnet. Damit war er der erste Afrikaner und der erste dunkelhäutige Spieler, dem diese Ehre zuteilwurde und hatte nicht nur in Liberia, sondern auf dem ganzen afrikanischen Kontinent endgültig den Status einer Ikone erreicht. Auch im Moment seines größten Triumphes vergaß Weah nicht, wer damals an den hoffnungslosen, unbeholfenen George geglaubt hat und überreichte die Trophäe einem gerührten Arsène Wenger. Im Folgejahr kam es zu der wohl dunkelsten Episode seiner sonst strahlenden Karriere. Nach dem Spiel seiner AC gegen den FC Porto geriet Weah mit seinem Gegenspieler Jorge Costa aneinander und brach dem Portugiesen dabei mit einem Kopfstoß die Nase. Der eigentlich als überaus fairer Spieler bekannte Weah gab an, von Costa in Hin- und Rückspiel rassistisch beleidigt worden zu sein. Trotzdem wurde Weah von der UEFA für sechs Spiele gesperrt, auch aus einem Mangel an Beweisen gegen Costa, was hohe Wellen schlug und auch den liberianischen Sportminister Francois Massaqoui zu einem wütenden Statement bewegte: „Jetzt, da sie Weah bestrafen, was machen sie mit Costa, dessen Verhalten ihm gegenüber rassistisch war? Wird er nicht ebenfalls bestraft, weil er ein Weißer ist?"[16]

---

[16] RS, 2023

Dieser Vorfall und die daraus resultierende Sperre gingen nicht spurlos an Weah vorbei. Manche Experten behaupten, dass seine Karriere danach nicht mehr dieselbe war. Fünf Jahre lang blieb Weah in Mailand und auch wenn er in jeder Saison zweistellig scoren konnte, wurde allmählich deutlich, dass seine besten Jahre der Vergangenheit angehörten. Als dann zur Saison 98/99 der deutsche Starstürmer Oliver Bierhoff nach Mailand wechselte und dort auf Anhieb zu überzeugen wusste, bekam der da schon 32 Jahre alte Weah immer weniger Einsatzzeiten, musste teilweise auf den linken Flügel ausweichen. Frustriert über diese Entwicklung ließ er sich im Winter in die Premier League zum FC Chelsea London ausleihen. Dort, in der wohl physisch anspruchsvollsten Liga der Welt, konnte Weah nur noch sporadisch zeigen, was ihn einst zum besten Fußballer des Planeten machte. Nach der halbjährigen Leihe verließ er Mailand endgültig und schloss sich Manchester City an. Die Skyblues von damals haben mit der heutigen Weltmannschaft von Pep Guardiola nur eine Sache gemeinsam: den Namen Haaland. Erlings Vater Alf Inge spielte damals für den biederen Aufsteiger, die klare Nummer zwei der Stadt. Im Gegensatz zum jungen Haaland konnte Weah bei den Citizens nur selten überzeugen, in sieben Ligaspielen traf er nur einmal. Eben noch zum besten afrikanischen Spieler des 20. Jahrhunderts gewählt, zeigte sich, dass er zu Beginn des neuen Jahrhunderts nicht mehr an die alten Zeiten anknüpfen konnte. Einer Rückrunde in Marseille, in der er immerhin noch fünf Treffer erzielte, folgte ein nicht weiter erwähnenswerter Abstecher in die Emirate und schließlich mit 36 Jahren das Karriereende. Einmal kehrte Weah noch zurück zu dem Sport, der ihn zu einer Legende werden ließ. 2018, wenige Wochen vor seinem 52. Geburtstag, führte er Liberia in einem Freundschaftsspiel gegen Nigeria als Kapitän auf den Platz. Es war jenes Land, für das er 61 Spiele absolvierte, 22 Tore erzielte und an zwei Afrika Cups teilnahm. Für das Land, zu dessen Gunsten er sich gegen eine angebotene Einbürgerung in das fußballerisch prestigeträchtigere Kamerun entschied. Zu diesem Zeitpunkt war er bereits der Präsident des Landes.

Weah, der Präsident

Im heutigen Liberia wurden ursprünglich ehemalige Sklaven aus den Vereinigten Staaten angesiedelt, 1847 wurde dann die Unabhängigkeit von den USA erklärt. Trotz schwelender Konflikte zwischen den indigenen Liberianern verschiedener Volksgruppen und den in der Politik vorherrschenden ehemaligen Sklaven herrschte lange Frieden, bis infolge steigender Reispreise 1980 der erste Militärputsch stattfand. Ab 1989 begann dann der Bürgerkrieg in Liberia, als der Rebellenführer Charles Taylor den bewaffneten Aufstand startete. In der Folge bildeten sich diverse Kriegsparteien, die teils mit Kindersoldaten schreckliche Verbrechen an der Zivilbevölkerung begingen, die sich gleichzeitig an den Rohstoffen des Landes selbst bereicherten. Ein 1996 geschlossenes Friedensabkommen hielt nur kurze Zeit, die Wahl des neuen Präsidenten Taylor, heute wegen Verbrechen gegen die Menschlichkeit inhaftiert, war stark umstritten und führte kurz darauf zu einem neuen Ausbruch der Kämpfe. 2003 trat Taylor dann unter internationalem und nationalem Druck zurück und demokratische Wahlen wurden vorbereitet. George Weah hatte schon 1997 im Gespräch mit einem Mitspieler offen mit dem Gedanken gespielt, Präsident Liberias zu werden. Nach dem Ende des Bürgerkrieges entschied er sich schließlich tatsächlich, bei der demokratischen Wahl 2005 zu kandidieren. Aufgrund seiner enormen Popularität im Land wurden ihm große Chancen ausgerechnet, im ersten Wahlgang erzielte er einen deutlichen Erfolg.

In der Stichwahl verlor er jedoch überraschend deutlich gegen Ellen Johnson Sirleaf. Anfängliche Konflikte wegen angeblicher Manipulation wurden schnell beigelegt, Weahs Ambitionen waren aber noch nicht vergessen. So holte er im Alter von 40 Jahren seinen Schulabschluss nach und studierte Betriebswirtschaftslehre, um auf die angestrebte politische Laufbahn vorbereitet zu sein. Nach einer gescheiterten Kandidatur als Vizepräsident nahm er 2017 wieder an der Präsidentschaftswahl teil und konnte dieses Mal deutlich gewinnen. Der kleine Junge aus dem Slum, der in die Welt zog und zum Fußballstar wurde, lenkt nun die Geschicke seines Landes. Dies war ein märchenhafter Aufstieg, der auch in der Bevölkerung Liberias für Hoffnung sorgte. So versprach Weah, die Armut im Land zu bekämpfen, indem das Bildungssystem gefördert und neue Jobs geschafft werden. Außerdem wolle er Korruption bekämpfen und Kriegsverbrecher aus den Bürgerkriegszeiten vor Gericht stellen. Erste Kritik setzte jedoch schon vor seiner Wahl ein, wählte er doch als Kandidatin für die Vizepräsidentschaft ausgerechnet die Ex-Frau des früheren Präsidenten, Warlords und Kriegsverbrechers Taylor. Zum Ende seiner ersten Amtszeit lässt sich heute resümieren, dass wenige seiner Versprechen wirklich umgesetzt wurden. Es herrscht weiterhin drückende Armut in weiten Teilen Liberias, das Bildungssystem wurde kaum überarbeitet, auch wenn Weah für das Abschaffen der Studiengebühren gefeiert wird. Ein Sondergerichtshof für Kriegsverbrecher wurde ebenfalls nicht ins Leben gerufen und auch Korruption ist äußerst präsent. So verschwanden nur neun Monate nach der Wahl rund 100 Millionen US-Dollar von der Zentralbank Liberias und der jahrelang wichtigste Berater Weahs steht wegen Korruption auf der Sanktionsliste der USA. Trotz der Proteste seiner Gegner erfreut sich Weah weiterhin großer Popularität beim liberianischen Volk, obwohl immer wieder Kritik laut wird, dass er nur ein repräsentativer Schattenpräsident ist, während die Geschicke des Staates von seinen Beratern und Ministern geleitet werden. Dazu passt, dass Weah während einer Nahrungsmittelknappheit in Liberia acht Tage lang bei der WM in Katar weilte, um seinem Sohn Timothy zuzujubeln, der für die US-amerikanische Nationalmannschaft aufläuft.

Im Gegensatz zu seiner unbestritten brillanten Fußballkarriere stehen hinter Weahs Präsidentschaft einige Fragezeichen. Doch zeigt seine Geschichte nicht nur, dass nicht jeder Spitzensportler auch ein guter Politiker sein muss. Sie zeigt auch die Macht, die der Fußball entwickeln kann und die Auswirkungen, die er auf das Leben der Spieler, der Fans und ganze Nationen hat: Die Geschichte des Jungen aus den Slums Monrovias, der durch Talent und harte Arbeit zum besten Fußballer der Welt, zum Nationalhelden und schließlich zum Präsidenten seines Geburtslands wurde.

ERIC CANTONA – AUF DER RASIERKLINGE ZWISCHEN GENIE UND WAHNSINN

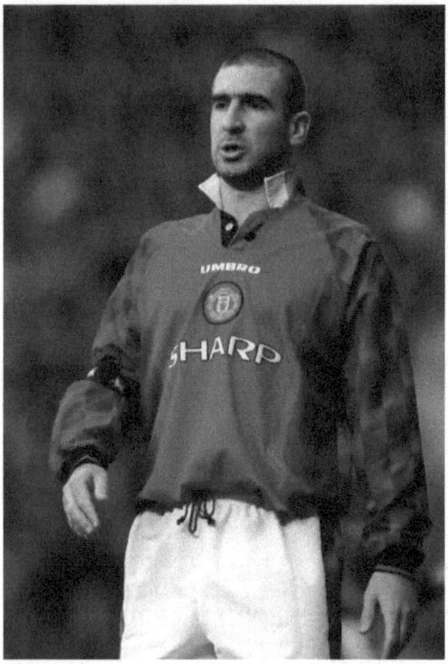

Am 25. Januar 1995 war Manchester United zu Gast bei Crystal Palace im Selhurst Park, vor den Augen von etwas mehr als 16.000 Zuschauern. Wegen des eng getakteten Spielplans der Premier League war die Partie des 25. Spieltags für einen Mittwoch um 12 Uhr angesetzt - vermutlich auch, weil die Vorzeichen vor Anpfiff kaum deutlicher sein konnten. United reiste als Tabellenzweiter in den Süden Londons, während Palace auf Platz 16 stehend um den Klassenerhalt kämpfte. In der ersten Hälfte sahen die etwa 16.000 Zuschauer nur wenig klare Torchancen. United ließ sich eher auf das Niveau von Palace ziehen, weshalb es mit einem torlosen Remis in die Halbzeitpause ging. In der 49. Minute sah Eric Cantona, Stürmerstar von United, die rote Karte nach einem Foul an Palace-Verteidiger Richard Shaw. Sein Gang zum Spielertunnel wurde von Häme und Beschimpfungen der Heimfans begleitet - nicht schön, aber im Fußball der 1990er üblich. Zur selben Zeit stürmte der Palace-Fan Matthew Simmons von seinem Platz in der elften Reihe an den Spielfeldrand und beleidigte Cantona mit samt seiner Familie rassistisch. Zu viel für den impulsiven Franzosen: Ohne zu zögern rannte er in Richtung Fankurve, sprang über die Werbebande und mit einem Kung-Fu-Tritt direkt in die Brust von Simmons. Den heraneilenden Sicherheitskräften gelang es nur unter großer Mühe, Cantona zu beruhigen und in die Kabine zu führen. Ein Tritt mit weitreichenden Konsequenzen - für ihn, die französische Nationalmannschaft und von Möwen verfolgte Fischkutter.

Kindheit, Jugend und der Fußball

Eric Cantona wurde am 24. Mai 1966 als zweiter Sohn von Albert Cantona und Éléonore Raurich geboren. Sein Bruder Jean-Marie kam 1962 auf die Welt, Joel folgte ein Jahr nach Eric. Väterlicherseits liegen seine Wurzeln auf der italienischen Insel Sardinien. Die Vorfahren seiner Mutter haben als katalonische Widerstandskämpfer gegen das Franco-Regime gekämpft, mussten nach dem Ende des spanischen Bürgerkriegs jedoch nach Frankreich fliehen, wo sie sich im Marseiller Stadtviertel Les Caillols ein neues Leben aufbauten. Dort begann auch die sportliche Karriere von Eric, der als Sechsjähriger beim lokalen Verein Sports Olympiques Caillolais mit dem Fußballspielen anfing. Neun Jahre später wechselte er in die etwas mehr als 600 Kilometer von seiner Heimat entfernte Nachwuchsabteilung des französischen Erstligisten AJ Auxerre. Für den Verein debütierte Cantona am 3. November 1983 im Alter von 17 Jahren. Auxerre ist zu dieser Zeit bekannt für eine sehr gute Jugendarbeit, die nicht nur zu unzähligen Pokalsiegen im französischen Jugendfußball führte, sondern über die Jahre auch einigen Talenten als Sprungbrett zur großen Karriere diente. Neben Cantona schaffte hier auch der frühere französische Nationalspieler und Trainer Laurent Blanc den Durchbruch, der mit *Les Bleus* die Weltmeisterschaft 1998 und die Europameisterschaft 2000 gewann.

Um mehr Spielpraxis zu sammeln, kehrte Cantona nach seinem Profidebüt erstmal in die Jugendmannschaft von *AJA* zurück, mit denen er 1985 den französischen Jugendpokal Coupe Gambardella gewann. Nach einer halbjährigen Leihe zum Zweitligisten FC Martigues schaffte Cantona in der Saison 1986/87 den Durchbruch und etablierte sich direkt als Leistungsträger. In insgesamt 40 Partien erzielte der 21-Jährige 17 Tore für Auxerre. Trotz seiner unbestrittenen fußballerischen Fähigkeiten erwarb er sich auch schon in seiner ersten vollen Saison den Ruf eines *enfant terrible*. Nach einer Streitigkeit im Training soll er beispielsweise seinen Mitspieler Bruno Martini niedergeschlagen haben. Etwas später wurde seine Gewaltbereitschaft auch für die Öffentlichkeit sichtbar: In einem Spiel gegen den FC Nantes am 5. April 1988 foulte er seinen Gegenspieler Michel Der Zakarian so brutal, dass Cantona anschließend folgerichtig für drei Spiele gesperrt wurde.

Karriere in Frankreich

Im Juli 1988 wechselte Cantona zurück in seine Heimatstadt. Für umgerechnet 3,4 Millionen Euro ging es zu Olympique Marseille, einem strauchelnden Giganten des französischen Fußballs, der 1992/93 die erste Champions League gewinnen sollte. Zur Zeit des Wechsels steckte *OM* jedoch im Mittelmaß der Ligue 1. Dort erspielte er sich auf Anhieb einen Platz in der Startelf neben dem deutschen Klaus Allofs. Nach einem durchaus erfolgreichen Start mit fünf Toren aus 22 Spielen war nach einer halben Saison jedoch schon wieder Schluss in Marseille: Eine Auswechslung in einem unbedeutenden Freundschaftsspiel gegen Torpedo Moskau verärgerte Cantona so sehr, dass er sich das Trikot vom Leib riss und den Ball wütend in die Zuschauer drosch. Genug für die Vereinsführung rund um den Präsidenten Bernard Tapie: Cantona wurde für die verbleibenden elf Spiele (sechs Tore) der Saison 1988/89 an den Ligakonkurrenten Girondins Bordeaux verliehen.

Auch in der Folgesaison wurde er verliehen, wieder an einen Ligakonkurrenten: Dieses Mal ging es zum HSC Montpellier. Dort entwickelte er sich schnell zu einem unverzichtbaren Stammspieler, was sich auch nach einer weiteren Eskapade inmitten der Saison nicht ändern sollte, bei der Cantona seinem Mitspieler Jean-Claude Lemoult einen Schuh ins Gesicht warf. Cantona ist sportlich längst unverzichtbar für *La Paillade*, erzielte in der Saison 14 Tore und krönte seine Zeit beim Verein aus dem Süden Frankreichs mit dem Gewinn des französischen Pokals, dem Coupe de France. Cantonas unmittelbare Beteiligung an dem Titelgewinn und seine steigende Formkurve veranlasste Olympique Marseille, ihn im Sommer nicht direkt wieder auszuleihen, sodass er die Saison 1990/91 bei *OM* verbrachte. Zwar gewann er gemeinsam mit dem Verein aus seiner Heimatstadt die französische Meisterschaft und war mit zehn Scorerpunkten, auch nicht unbeteiligt. Aufgrund erneuter disziplinarischer Schwierigkeiten (Cantona wird an 18 von 38 Ligaspielen nicht in den aktiven Kader berufen) verkaufte ihn der Verein im Sommer 1991 jedoch an Nimes Olympique. Auch dort tauchte er schnell in den Schlagzeilen auf: In einem Spiel warf er aus Unzufriedenheit über die Schiedsrichterleistung ebendiesen absichtlich mit dem Ball ab und wurde anschließend vom französischen Verband für zwei Monate gesperrt. Der unberechenbare Cantona reagierte impulsiv und verkündete im Dezember 1991 völlig überraschend sein Karriereende - nicht das letzte Mal. Unklar, wie die sportliche Zukunft aussehen würde, gab es in Frankreich nur noch wenige Befürworter für den exzentrischen Stürmerstar. Unter ihnen war: Einer der ersten französischen Fußball-Superstars und späterer UEFA-Präsident Michel Platini.

Ab auf die Insel

Platini, der die französische Nationalmannschaft trainierte und Cantona 1987 zu seinem Debüt in ebendieser verhalf, galt als einer der prominentesten Förderer von Cantona und überzeugte ihn, weiter Profifußball zu spielen. Gleichzeitig empfahl er ihm, Frankreich zu verlassen und nach England zu wechseln, da die kühle britische Mentalität und die physische Spielweise eher zu ihm passen würden. Platini war zu dieser Zeit einer der wenigen Menschen, denen der misstrauische Cantona zuhörte - er stimmte dem Wechsel zu. Platini bot Cantona auch beim FC Liverpool an, doch Graeme Souness, Trainer und Vereinslegende der *Reds*, lehnte eine Verpflichtung des *Enfant terrible* aus Sorge vor zu viel Unruhe und Ablenkung ab. Nach einem weiteren Probetraining bei Sheffield Wednesday folgte Cantonas Entscheidung: Per Leihe mit anschließender Kaufpflicht wechselte er zu Leeds United - dem direkten Rivalen von Wednesday. Am 06. Februar 1992 wurde der Wechsel offiziell, im Gegenzug flossen circa 1,5 Millionen Euro nach Nimes. Das erste Jahr bei Leeds verlief überaus erfolgreich. Zwar erzielte Cantona selbst nur vier Tore, überzeugt aber als mitspielender Stürmer mit Assists und leistete so seinen Beitrag zum Gewinn der englischen Meisterschaft - der letzte Titel in der Football League First Division, ehe die Liga in die Premier League umbenannt wurde, was neben dem etwas eingängigeren Namen vor allem höhere

Marketingeinnahmen aus Fernsehrechten bedeutete. In der ersten Premier League-Saison war das Ziel der Whites klar: Titelverteidigung. Während dieses Ziel nach einem verkorksten Start mit Niederlagen gegen vermeintliche schwächere Teams wie Middlesbrough, Ipswich Town oder die Queens Park Rangers schnell außer Augen geriet und Leeds im Laufe der Saison eher gegen den Abstieg spielen würde, lief es bei Cantona persönlich sehr gut: In der ersten Saisonhälfte gelangen ihm 15 Scorerpunkte in 19 Spielen. Aufgrund von Unstimmigkeiten mit Trainer Howard Wilkinson wurde er in den folgenden Spielen jedoch nicht mehr in den aktiven Kader berufen. Daraufhin weigerte sich der eigenwillige Cantona, beim Training zu erscheinen und äußerte seinen Wechselwunsch gegenüber dem Verein – per Fax. Er wolle sich lieber Manchester United, Liverpool oder Arsenal anschließen, hieß es darin.

Sein Wille geschehe: Manchester United

Cantonas Wunsch wurde stattgegeben. Für ihn ging es in die Arbeiterstadt Manchester zu United, wo Trainer Sir Alex Ferguson seinen „Wunschspieler" mit offenen Armen empfing und im Gegenzug etwa 1,5 Millionen Euro an Leeds United überwies. Angesichts seiner Leistungen bei Leeds, aber vor allem der kommenden Höhepunkte im Trikot der *Red Devils* eine beinahe lächerlich geringe Ablösesumme. Uniteds Saison verlief bis zum Wechsel von Cantona enttäuschend; mit gerade einmal 17 Toren nach ebenso vielen Ligaspielen zählte die Offensive zu einer der schlechteren in der Liga – gleichbedeutend mit Platz acht. Ferguson hatte vor dem Transfer von Cantona bereits sein Glück bei Premier League Topscorer Alan Shearer versucht, musste sich aber den Blackburn Rovers geschlagen geben. Zum ersten Mal lief Cantona für United am Nikolaustag 1992 gegen den Stadtrivalen Manchester City auf und gewann mit 2:1, auch wenn er selbst kein Tor erzielte oder auflegte. Seinen Debüttreffer markierte er keine zwei Wochen später am 19. Dezember in einem 1:1 gegen den FC Chelsea. Der Grundstein für eine erfolgreiche Restsaison: Nach Cantonas Ankunft verlor United nur noch zwei der verbleibenden 25 Ligaspiele und beendete die Saison als Meister – mit einem deutlichen Vorsprung von 10 Punkten auf den zweitplatzierten Aston Villa. Der erste Meistertitel für United seit 26 Jahren. In der Folgesaison gelang die Titelverteidigung, United gewann zudem den FA Cup. Cantona wurde mit 25 Toren Uniteds Topscorer und von der Spielervereinigung PFA zum Spieler des Jahres gewählt. 1993/94 war zeitgleich die erste Spielzeit, in der feste Trikotnummern in der Premier League vergeben wurden – Cantona erhielt die prestigeträchtige Nummer 7, die vor ihm bereits Clublegende George Best trug. Ein erklärter Lieblingsspieler von Cantona selbst. Vor der Saison 1994/95 ist das Ziel klar: Die dritte Meisterschaft in Folge, im englischen Sprachraum auch als *Three-Peat* bezeichnet. Und bis zum Kung-Fu-Tritt am 25. Januar 1995 verlief die Saison nach Plan; United lag nur fünf Punkte hinter den erstplatzierten Blackburn Rovers und besaß bereits komfortable sechs Punkte Abstand auf das drittplatzierte Newcastle United.

Auf der Pressekonferenz nach dem Vorfall sagte Cantona im Selhurst Park: „When the seagulls follow the trawler, it's because they think sardines will be thrown into the sea. Thank you very much." Die Möwen folgen dem Fischkutter, weil sie denken, dass die Sardinen wieder ins Wasser geworfen werden. Damit mag er zwar richtig liegen, bei den Anwesenden im Presseraum, die vermutlich eine Entschuldigung erwarteten, hinterließ er aber nur ungläubige Gesichter. Nach der Aussage stand Cantona wortlos auf und verließ den Raum. Anschließend wurde er von der FA für acht Monate gesperrt und musste sich zusätzlich wegen Körperverletzung vor Gericht verantworten. Einer zweiwöchigen Gefängnisstrafe entging er nur knapp und musste stattdessen 120 Sozialstunden ableisten. Ohne ihren spielstarken Stürmer fehlte Uniteds Offensive in der zweiten Saisonhälfte die finale Durchschlagskraft, um die Rovers noch von Platz eins zu verdrängen. Noch in der Endphase der Saison kamen erste Spekulationen auf, dass Cantona United den Rücken kehren könnte, weil er mit den Anfeindungen und Beleidigungen von den Fanrängen nicht fertig werden würde. Er selbst war wohl einem Wechsel zu Inter Mailand nach Italien nicht ganz abgeneigt, ließ sich aber nach mehreren persönlichen Gesprächen mit Sir Alex Ferguson davon überzeugen, in Manchester zu bleiben und seinen Vertrag sogar zu verlängern.

Seine Rückkehr am 1. Oktober im Duell gegen den FC Liverpool feierten die Fans im Old Trafford, der Heimspielstätte der Red Devils, frenetisch – Cantona selbst lud auch spielerisch dazu ein: Ein Assist nach zwei Minuten, ein Tor in der 71. Minute zum 2:2 Endstand. Den Rest des Kalenderjahres hatte United einige Probleme mit dem Toreschießen, wohl auch, weil Cantona während seiner achtmonatigen Zwangsauszeit nicht mit der Mannschaft trainieren durfte und nicht an der ihn auszeichnenden Physis arbeiten konnte. So lag die Mannschaft von Sir Alex Ferguson zum Jahreswechsel mit zehn Punkten Rückstand auf das erstplatzierte Newcastle United abgeschlagen auf einem zweiten Platz. Das Jahr 1996 begann jedoch mit einer Serie von zwölf ungeschlagenen Spielen, in denen Cantona mit neun Toren eindrucksvoll bewies, dass er wieder der Alte ist. Durch die Siegesserie zog United am Namensvetter aus Newcastle vorbei und machte die Meisterschaft am letzten Spieltag mit einem „3:0"-Erfolg über Middlesbrough perfekt. Cantona beendete die Spielzeit als Topscorer des Clubs – obwohl er in den ersten sieben Spielen nur zuschaute. Die Folgesaison begann für United ohne Kapitän Steve Bruce, der zu Birmingham City gewechselt war. Der Nachfolger war schnell gefunden: Mit seiner vorangehenden und charismatischen Art wurde *King Eric* zum ersten Teamführer, der nicht auf den britischen Inseln geboren wurde. Angeführt von Leitwolf Cantona, der in 36 Ligaspielen über 90 Minuten auf dem Platz stand und mit 23 Scorern seinen Teil dazu beitrug, dass United mit 76 erzielten Toren den besten Angriff der Liga stellte, gelang die Verteidigung der Meisterschaft. Die Vierte in seinem fünften Jahr in Manchester. Mit gerade einmal 31 Jahren und ohne größere Verletzungen verkündete Cantona nach der Saison seinen Rücktritt vom Fußball. Und das auf seine Art: Überraschend, eigenwillig und anders als jeder anderer Fußballer. Am Ende seiner Zeit in Manchester stehen 82 Tore, vier Meisterschaften, zwei Pokalsiege, der Titel als Spieler des Jahres 1996 und dazu ein großer Platz im Herzen aller Vereinsanhänger. Die wählten ihn im Jahr 2000 zu Uniteds Player of the Century – vor Legenden wie Bobby Charlton, George Best oder Steve Bruce. 2002 wurde er zudem in die Premier League Hall of Fame aufgenommen.

Vom Rasen auf die Leinwand

Direkt nach seiner aktiven Karriere fungierte Cantona als einer der prominentesten Förderer des Beachsoccers in seinem Heimatland, übernahm neben Lobby- und Funktionärsarbeit auch die Rolle des Trainers der französischen Beachsoccer-Nationalmannschaft und führte sie 2005 zur Weltmeisterschaft. Vereinzelt tauchte er als politischer Aktivist auf; forderte 2010 unter anderem die französische Bevölkerung dazu auf, all ihr Geld von den Banken abzuheben, um das Bankensystem zum Einsturz zu bringen. Um auf die Armut in Frankreich hinzuweisen, trat er 2012 als Präsidentschaftskandidat an – wie sich später herausstellte nur ein großer medialer Gag. Vermutlich hätte er aber sogar realistische Chancen in der Politik; könnte wie bereits in Manchester sein Charisma, seine pure Frenchness und Anführermentalität nutzen, um Menschenmassen und Wählerpotenzial hinter sich zu versammeln. Doch er entschied sich für eine Karriere als Schauspieler. Bis heute hat er in 24 Filmen mitgespielt; der Durchbruch gelang ihm 2009 mit der Komödie *Looking for Eric.* Mit ihm in einer der beiden Hauptrollen setzt sich der Film mit der Bedeutung von Manchester United und *King Eric* für die mehrheitlich aus der Arbeiterklasse stammenden Fans sowie deren Probleme auseinander. Regisseur Ken Loach zufolge ist der Film auf Initiative von Cantona entstanden, der seine besondere Verbindung zu den Vereinsanhängern darstellen wollte.

Outro

Als einer der komplettesten Stürmer aller Zeiten ist der Fußballer Eric Cantona längst in die Premier-League-Geschichte eingegangen. Eine Kombination aus brillanter Technik, einer beeindruckenden Physis und der nötigen Kaltschnäuzigkeit vor dem gegnerischen Tor zeichneten sein Spiel aus. Seine Markenzeichen waren der aufstehende Trikotkragen und die Gewissheit, dass es mit ihm auf dem Feld nie langweilig wird. Kaum ein anderer Sportler hat es geschafft, den Tanz auf der Rasierklinge zwischen Genie und Wahnsinn; zwischen Selbstbewusstsein und Arroganz, so sehr zu perfektionieren wie er. Für United war er sowas wie ein Meisterschaftsgarant; in seinen fünf Jahren im Verein gewannen sie nur eine mögliche Meisterschaft nicht - während seiner achtmonatigen Sperre nach dem Kung-Fu-Tritt. Für die Fans ist er bis heute der unangefochtene König. Spiele von den Red Devils schaut er sich aber nicht mehr an, wie er selbst in einem Interview sagte: „United spielt momentan so, wie ein alter Mann Liebe macht: Er gibt wirklich alles, aber am Ende des Tages sind alle ein bisschen enttäuscht." Und seinen Tritt bereut er bis heute nicht, sondern bezeichnet ihn im Gegenteil sogar als den Höhepunkt seiner Karriere. Ganz er selbst.

ZINÉDINE ZIDANE – DER GRÖSSTE KÜNSTLER DER FUSSBALLWELT

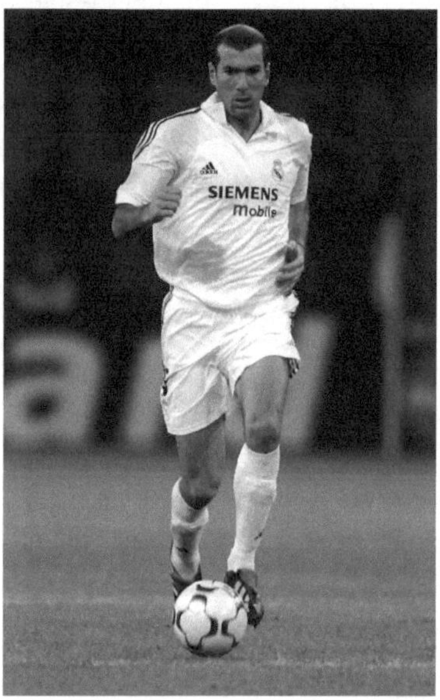

„Er ist von einem anderen Planeten. Wenn Zidane den Platz betrat, wurden zehn andere Jungs plötzlich besser. So einfach ist das."[17] Das titelt nicht etwa irgendeine Zeitung oder ein Fan, sondern einer, der von sich selbst behauptet, der Beste der Welt zu sein: Zlatan Ibrahimović. Zidane stellte im Laufe seiner erfolgreichen Spielerkarriere aberwitzige Zahlen auf und gewann Titel um Titel. Aber in Erinnerung bleibt er aus einem anderen Grund: Er hat Menschen dazu gebracht, sich in seinen Fußball zu verlieben. Mit seiner majes-

[17] François Schmid-Bechtel [FSB], 2022

tätischen Ballbehandlung, der unnachahmlichen Leichtigkeit und der nötigen Geradlinigkeit brachte er ein Grinsen in die Gesichter von Millionen Fußballfans - als Spieler wie als Trainer.

Anfänge

Geboren wurde Zinédine Yazid Zidane am 23. Juni 1972 als Sohn zweier algerischer Eltern, die Mitte des 20. Jahrhunderts in den Marseiller Vorort La Castellane immigrierten - einem Problemviertel der südfranzösischen Hafenstadt. Als jüngstes von fünf Kindern lernte er früh, dass Fleiß und eine gewisse Schlitzohrigkeit das Leben erleichtern können. Auch fußballerisch kann Zidane als Straßenfußballer bezeichnet werden: Er war ballsicher, trickreich und dribbelstark. Bei einem Probetraining überzeugte der damals 14-Jährige so sehr, dass ihn anschließend der französische Erstligist AS Cannes unter Vertrag nahm und einen Platz im vereinseigenen Fußballinternat anbot. Zwar gab es einige Ungereimtheiten, was seinen Charakter anging, schlussendlich überzeugte jedoch sein fußballerisches Talent. Zidane gab in der Saison 1988/89 als 16-Jähriger sein Profidebüt. In den folgenden Spielzeiten folgten einige der größten Erfolge in der Geschichte des Clubs von der Côte d´Azur. Auf nationaler Ebene wurden Topplatzierungen erreicht und überraschend gelang die Qualifikation für das internationale Geschäft. Noch etwas überraschender ist der Absturz in der Saison 1991/92, an deren Ende AS Cannes sang- und klanglos in die zweite Liga abstieg. Nicht aber Zidane, den es für die Ablösesumme von rund 460.000 Euro zu Girondins Bordeaux zog.

Anfänge und erste Erfolge

Auch in Bordeaux überzeugte Zidane vom Start weg. Dort wurde ihm von seinem Trainer auch der Spitzname verliehen, der ihn aufgrund seiner eleganten Spielweise über die gesamte Karriere hinweg begleitete: *Zizou* („weiße Katze"). In seinen vier Saisons bei Girondins war er zentraler Fixpunkt in deren Angriffsspiel, überzeugte mit seiner Technik, Übersicht und Spielintelligenz. In der Saison 1995/96 gelang überraschend der Durchmarsch bis ins Finale des UEFA-Pokals, in dem man sich dem FC Bayern München geschlagen geben muss. Da er auf dem Weg ins Finale einige sehenswerte Treffer auf internationalem Parkett erzielte und für seine Leistungen in der Liga zu Frankreichs Fußballer des Jahres gewählt wurde, war halb Europa hinter dem damals 24-Jährigen her. Da es Bordeaux nicht schaffte, sich für das internationale Geschäft zu qualifizieren, entschied sich Zidane schlussendlich, einem Wechsel zum italienischen Rekordmeister und amtierenden Champions-League-Gewinner Juventus Turin zuzustimmen – für eine Ablösesumme von umgerechnet 5,3 Millionen Euro.

Bei der *Alten Dame* aus Turin sind die Erwartungen an den französischen Nationalspieler hoch; von Beginn an stand er im Rampenlicht und wurde sogar mit Michel Platini verglichen, der die Italiener in den 1980ern zu diversen Erfolgen führte. Die körperliche Härte und die taktische Umstellung auf eine deutlich defensivere Spielweise machten Zidane zunächst zu schaffen, zu Beginn seiner Zeit in Turin zeigte er einige schwächere Leistungen und leistete sich zudem einen Platzverweis. In der Mitte seiner Premierensaison 1996/97 wendete sich das Blatt, als Zidane im Mittelfeld offensiver agieren konnte und von nun an als klassischer Spielmacher fungierte. Mit seinen folgenden Leistungen ließ er nicht nur die Kritiker verstummen, sondern trug elementar dazu bei, dass Juventus die Meisterschaft gewann und erneut das Finale der Champions League erreichte – dort unterlag man überraschend Borussia Dortmund mit 3:1.

In der folgenden Saison legte Zidane noch einmal zu – sowohl leistungstechnisch als auch athletisch. Er bildete das Herzstück der Turiner Offensive und konnte sich dank seiner verbesserten Athletik fortan auch gegen körperliche Gegenspieler durchsetzen, ohne sich auf seine Technik verlassen zu müssen. Generell war die Ligasaison 1997/98 eine beinahe makellose Erfolgsgeschichte für Juventus. Mit nur zwei Niederlagen in der Liga holte die Mannschaft aus der Lombardei souverän die Meisterschaft, musste sich aber erneut im Champions-League-Finale geschlagen geben. Dieses Mal gegen den spanischen Topverein Real Madrid. Das zweite verlorene europäische Endspiel in Folge für Juventus, für *Zizou* persönlich bereits das dritte - nicht ohne Folgen. Zwar gehörte er mittlerweile zur absoluten Weltklasse, musste sich aufgrund des fehlenden internationalen Erfolgs jedoch einige Kritik gefallen lassen. Der Gewinn der Weltmeisterschaft in seinem Heimatland, die Auszeichnung als „Bester Spieler Europas" sowie der Gewinn des noch prestigeträchtigeren Ballon d´Or dürften dennoch geholfen haben, die negative Finalbilanz vergessen zu machen.

Doch wie so oft, folgte nach dem Höhenflug der Absturz. Sowohl Zidane als auch Juventus blieben in den kommenden beiden Saisons (1998/99 und 1999/00) deutlich hinter ihren Erwartungen zurück, wurden in der Liga nur Sechster respektive Zweiter und konnten auch auf internationalem Parkett nicht an ihre Serie von Finalteilnahmen anknüpfen. In der Saison 2000/01 folgte der Tiefpunkt für Verein und Spieler: In der Meisterschaft reichte es erneut nur für den zweiten Platz, in der Champions League schied die *Alte Dame* blamabel in der Vorrunde aus. Zu viel für den temperamentvollen Zidane, dem in einem Gruppenspiel die Sicherungen durchbrannten als er einem Gegenspieler einen Kopfstoß versetzte. Ein unrühmliches Ende für eine sportlich zwar erfolgreiche, ob des fehlenden Triumphs in der Champions League jedoch unerfüllte Zeit in Italien, die für Zidane im Sommer 2001 mit einem Rekordtransfer zu Real Madrid in die spanische Hauptstadt endete.

Los Galácticos

Für die damals unvorstellbare Summe von 77,5 Millionen Euro wechselte Zinédine Zidane nach Spanien - und traf auf eine Mannschaft, die eher einem All-Star-Team glich. Florentino Perez, damals wie heute Präsident der *Königlichen*, war noch frisch im Amt und wollte unter seiner Ägide eine ähnlich dominante Ära prägen wie sein Vorgänger und Real-Legende Santiago Bernabéu in den 1950ern und 1960ern, als Real innerhalb von zehn Jahren atemberaubende sechs Triumphe im Europapokal der Landesmeister feierte. Zur Verpflichtung von Zidane verkündete er passend: „Real ist der größte Klub aller Zeiten und muss deswegen auch die besten Spieler der Welt haben."[18] Dieser ambitionierte Anspruch hatte in den frühen 2000ern eine einzigartige Ansammlung von fußballerischem Talent zur Folge. Neben Zidane wechselten in dieser Zeit noch weitere Superstars wie Ronaldo, David Beckham oder Michael Owen nach Madrid. Jedes Jahr ein neuer Star ist die Devise. Von den spanischen Medien wurde das Team aufgrund der schier außerirdisch erscheinenden Fähigkeiten *Los Galácticos* getauft. Finanziert wurde diese nicht ganz günstige Transferpolitik vom Verkauf des Vereinsgeländes an eine Gruppe privater Finanzunternehmen im Sommer 2001 - für 480 Millionen Euro. Zwar machte der Deal Real zum umsatzstärksten Fußballverein der Welt, das altehrwürdige Vereinsgelände wurde jedoch abgerissen und durch Bürokomplexe ersetzt.

Aller Anfang ist schwer

Zu Beginn seiner Debütsaison in Spanien tat sich das hochgehandelte Starensemble schwer und fand keinen gemeinsamen Rhythmus, wovon sie sich in der Liga auch nicht mehr erholten und die Saison nur als Drittplatzierter beendeten. Zwar spielte Zidane auf seiner Stammposition im offensiven Mittelfeld und bekam einige Freiräume für seine kreative Spielweise, um gegnerische Verteidigungen auseinanderzunehmen, aber so richtig klickte es nicht - die Zahnräder griffen noch nicht ineinander. Auch in der Copa del Rey, dem spanischen Pokal, hatte man im Finale das Nachsehen und unterlag Deportivo La Coruña knapp mit 1:2. Besser lief es dafür in der Königsklasse, wo man auf dem Weg ins Endspiel unter anderem den FC Bayern München sowie den spanischen Rivalen FC Barcelona ausschaltete. Im Finale traf man mit Bayer 04 Leverkusen auf die deutsche Überraschungsmannschaft - und die Zuschauer erwartete einer der sehenswertesten Treffer in der Geschichte des Wettbewerbs, den Zidane beim Spielstand von 1:1 mit einem Volley aus der Drehung erzielte. Der Siegtreffer zum 2:1. Eine

[18] Frankfurter Allgemeine Zeitung [FAZ], 2001

Genugtuung für den bisher unvollendeten Zidane - der erste europäische Triumph im vierten Anlauf. Auch die Saison 2002/03 war für Zidane und Real von Erfolgen geprägt. Zidane als unangefochtener Strippenzieher im Mittelfeld der Königlichen, der das Spiel nach Belieben beschleunigen und verlangsamen konnte, wurde zum dritten Mal in seiner Kariere mit dem Ballon d´Or als Weltfußballer ausgezeichnet. In der Champions League erreichten die Königlichen das Halbfinale, die heimische Liga dominierte man mit offensivem Fußball und wurde am Ende souverän spanischer Meister. Doch der Sommer 2003 sollte zu einem Wendepunkt werden.

Rückblickend ist es immer leicht, aber den Sommer 2003 kann man zweifellos als den Anfang vom Ende der *Galaktischen* bezeichnen. Mit Claude Makélélé und Fernando Hierro fielen zwei absolute Defensiv-Leistungsträger der nach dem größten Vermarktungspotenzial ausgerichteten Transferstrategie von Vereinspräsident Florentino Pérez zum Opfer - zum Leidwesen der Madrider Spielweise. Zwar bot das Weiße Ballett auch in den Spielzeiten 2003/04 und 2004/05 unterhaltsamen Angriffsfußball, doch in der Verteidigung fehlte die nötige Qualität, um ein erfolgversprechendes Gleichgewicht herzustellen. Folglich stellte Real zwar die beste Offensive der heimischen Liga, der Trophäenschrank blieb jedoch leer. Die Superstars rund um Zidane wirkten müde und satt, er selbst kämpfte zudem mit einigen Verletzungen und Wehwehchen, weshalb er im Sommer über ein Karriereende nachdachte und sich erst nach einem Gespräch mit Präsident Pérez für eine Fortsetzung seiner Spielerlaufbahn entschied.

Seine letzte Saison wurde zum absoluten Tiefpunkt. Mit mittlerweile 33 Jahren und 15 Jahren als Profifußballer in den Knochen konnte Zidane nicht mehr an vergangene Glanzzeiten anknüpfen, kämpfte immer mehr mit Verletzungen und bestritt nur noch wenige Spiele über 90 Minuten. Am 26. April 2006 verkündete Zidane, dass er seine Vereinskarriere nach der Saison beenden würde. Seinen letzten Auftritt im Dress der Königlichen hatte er am 07. Mai 2006 bei einem Heimspiel gegen den FC Villareal. Unzählige Banner, Schals, Trikots und Fangesänge huldigten seine Leistungen. Als er gegen Ende des Spiels ausgewechselt wurde erhebt sich das gesamte Stadion - immerhin rund 80.000 Zuschauer - und applaudierte dem Altstar minutenlang. Das Ende einer Ära, in der Zinédine Zidane 117 Scorerpunkte (49 Tore, 68 Vorlagen) in 227 Spielen sammelte.

Zwischen Liebe und Hass – Zidane als Nationalheld

Die Vereinskarriere von Zinédine Zidane verlief linear; nahezu in jeder Saison konnte er prestigeträchtige Trophäen gewinnen - egal ob in Bordeaux, Turin oder Madrid. Bei der Nationalmannschaft sah das anders aus: Seine Zeit im Trikot der *Équipe Tricolore* glich eher einer Achterbahnfahrt mit unerreichten Höhen, aber auch ungeahnten Tiefen.

Sein Debüt feierte er am 17. August 1994 in einem Freundschaftsspiel gegen Tschechien - eingewechselt in der 63. Minute erzielte er mit zwei Treffern den „2:2"-Endstand. Auf den überaus vielversprechenden Einstand folgte bei der Europameisterschaft 1996 in England ein erster kleinerer Dämpfer, als die Franzosen etwas überraschend im Halbfinale gegen die Auswahl Tschechiens ausschied. Die wiederum hatten im Finale das Nachsehen gegen die deutsche Nationalmannschaft, die durch das berühmte *Golden Goal* von Oliver Bierhoff mit 2:1 gewann.

Zwei Jahre später stieg die Weltmeisterschaft im eigenen Land, bei der die Mannschaft rund um Zidane von Buchmachern als einer der Favoriten gesehen wurde - zu Recht. In der Gruppenphase haben Südafrika, Saudi-Arabien und Dänemark keine Chance; souverän spielten sich *Les Bleues* ins Achtelfinale. Aufgrund einer roten Karte, die er im Gruppenspiel gegen Saudi-Arabien sah, musste Zidane dieses jedoch aussetzen und durfte erst im Viertelfinale gegen Italien wieder mitwirken, an dessen Ende ein „4:3"-Sieg im Elfmeterschießen stand. Im Halbfinale traf man auf die Kroaten, die zuvor die Deutschen rausgeschmissen hatten, und nach einem Doppelpack von Lilian Thuram stand das Heimteam im Finale. Am 12. Juli 1998 wartete dort mit Brasilien ein echtes Schwergewicht rund um den Stürmerstar Ronaldo. Durch zwei Kopfballtore brachte Zidane die Franzosen früh auf die Siegerstraße, die man nicht mehr verließ – und am Ende gewann man souverän mit 3:0.

Zwei Jahre später wurde die Erfolgsgeschichte weitergeschrieben: Als Favoriten gelang den Franzosen das bisher unerreichte Kunststück, als amtierender Weltmeister auch die Europameisterschaft zu gewinnen. In jedem Spiel machte Zidane klar, dass er der unangefochtene Star seiner Mannschaft ist, präsentierte sich spielstark und steuerte mit seiner technisch brillanten Art das französische Angriffsspiel in Eigenregie. Im Viertelfinale traf er mit einem sehenswerten Freistoß gegen Spanien, im Halbfinale behielt er am Ende der Verlängerung die Nerven und besiegte Portugal mit einem Elfmeter in der 117. Minute. Im 2:1-Finalsieg scorte *Zizou* zwar nicht, da ihn die Italiener konsequent mit zwei Spielern deckten; dennoch gilt seine Leistung bei der EM 2000 in Belgien und den Niederlanden als einer der dominantesten Auftritte überhaupt bei einem großen Turnier. Völlig zu Recht wurde er anschließend als bester Spieler des Turniers ausgezeichnet.

Trotz Favoritenrolle enttäuschten die Franzosen rund um Zidane sowohl bei der Weltmeisterschaft 2002 in Südkorea als auch bei der Europameisterschaft 2004 in Portugal auf ganzer Linie. 2002 schied man trotz einer Offensive aus Superstars wie Zidane, Thierry Henry oder David Trezeguet ohne eigenen Torerfolg bereits in der Vorrunde aus. In Portugal überstand die *Équipe Tricolore* zwar souverän die Gruppenphase, im Viertelfinale folgte jedoch ein schwacher Auftritt der Mannen rund um *Zizou*, sodass man gegen den späteren Überraschungssieger aus Griechenland völlig verdient mit 0:1 verlor und die Heimreise antreten musste.

Nach dem Ende seiner Vereinskarriere im Frühsommer 2006 war für Zidane klar, dass die Weltmeisterschaft 2006 in Deutschland das Ende seiner Spielerkarriere bedeutete. Die perfekte Gelegenheit für die Franzosen und Zidane selbst, ihm einen würdigen Abschluss seiner außergewöhnlichen sportlichen Laufbahn zu bereiten – wäre da nur nicht sein Temperament. Die Gruppenphase übersteht die Elf von Trainer

Raymond Domenech nur knapp; erreichte als Zweiter hinter der Schweiz und vor Südkorea und dem Togo das Achtelfinale, wo mit einer jungen spanischen Mannschaft einer der Favoriten wartete. Doch Frankreich zeigte sich nach der schwachen Gruppenphase wie ausgetauscht; gewann völlig verdient mit 3:1 und dominierte auch die im Viertelfinale wartenden Brasilianer spielerisch, wenngleich das Ergebnis nur 1:0 ausfiel. Im Halbfinale erzielte Zidane den „1:0"-Siegtreffer gegen Portugal und ebnete so persönlich den Weg ins Finale gegen Italien, die ihrerseits im Halbfinale gegen Gastgeber Deutschland gewannen. Im Finale stand es durch Tore von Zidane und Marco Materazzi bereits nach 19. Minuten 1:1. Dennoch war das Endspiel im Berliner Olympiastadion spielerisch nicht sehr überzeugend und lebte eher von der Spannung. Da nach 90 Minuten noch kein Sieger feststand, ging es in die Verlängerung. Hier kam es in der 110. Minute zum Eklat: Nach mehreren harten Beleidigungen von erwähntem Materazzi gegen die Familie von Zidane verlor ebendieser seine Nerven und stieß dem Italiener mit dem Kopf gegen den Brustkorb. Nach einer kurzen Absprache zwischen dem Schiedsrichter (später gab er zu Protokoll, er habe die Szene selbst nicht gesehen) und seinem Assistenten verwies der Spielleiter Zidane wegen einer Tätlichkeit vom Platz. Am Ende einer großartigen Karriere steht also ein unrühmlicher Platzverweis. Dass die Italiener sich im Elfmeterschießen mit 5:3 durchsetzen und den vierten Weltmeistertitel ihrer Geschichte gewannen, wurde eher zur Randnotiz.

Wie der Spieler, so der Trainer

Nach einigen Jahren Fußball-Auszeit wurde Zidane zur Saison 2013/14 zum Co-Trainer von Carlo Ancelotti bei Real Madrid. Für die Fans von Real sollte es eine der besten Saisons überhaupt werden: Im Finale des spanischen Pokals schlug man den Rivalen aus Barcelona, im Finale der Champions League bezwang man den Stadtrivalen Atletico Madrid mit 4:1. Als Folge der erfolgreichen Saison wurde Zidane zum Cheftrainer der zweiten Mannschaft der Königlichen, die damals in der dritten spanischen Liga antrat. Offiziell war er in der ersten Saison auch hier Co-Trainer, da ihm noch die nötige Trainerlizenz fehlte, inoffiziell agierte er jedoch als Cheftrainer – was er nach erfolgreicher Trainerprüfung zur Saison 2015/16 auch offiziell wurde. Die zweite Mannschaft sollte er jedoch nur bis zur Winterpause 2015/16 betreuen, da er im Januar 2016 zum Cheftrainer der ersten Mannschaft der Königlichen berufen wurde. Die Königlichen wirkten bis zu seiner Übernahme gehemmt, aber Zidane konnte den Knoten lösen und erreichte mit seinem Team das Champions-League-Finale, wo man sich erneut gegen den Stadtrivalen Atletico durchsetzte. Die Folgesaison wurde noch erfolgreicher: Real wurde nach fünf Jahren wieder spanischer Meister und konnte als erstes Team der Geschichte ihren Champions-League-Titel verteidigen – ganz nebenbei stellte Zidane mit 40 Spielen in Folge ohne Niederlage eine spanische Bestmarke auf. Und auch seinen eigenen Rekord übertraf er in der Folgesaison 2017/18 mit dem erneuten Triumph in der Champions League. Nach dem Finale im Mai 2018 trat Zidane am Höhepunkt ab, da die Mannschaft seiner Meinung nach eine neue Ansprache benötigte. Nach nicht einmal einem Jahr kehrte er im März 2019 zurück – und würde mit seinem Gesuch nach einer neuen Ansprache recht behalten: Zwar blieb er bis 2021 Trainer, konnte jedoch keinen nennenswerten Titel mehr in die spanische Hauptstadt bringen.

Spannend: Zur Manuskriptabgabe dieses Buches Ende 2023 wird Zidane als möglicher nächster Trainer der *Équipe Tricolore* gehandelt. Wenn er das Amt übernehmen sollte, könnte er zum erst vierten Trainer werden, der auch als Spieler Weltmeister wurde. Die anderen drei sind Franz Beckenbauer (Deutschland), Mario Zagallo (Brasilien) und der gegenwärtige französische Nationaltrainer Didier Deschamps.

ADA HEGERBERG – ABSCHLUSSSTARKE AKTIVISTIN

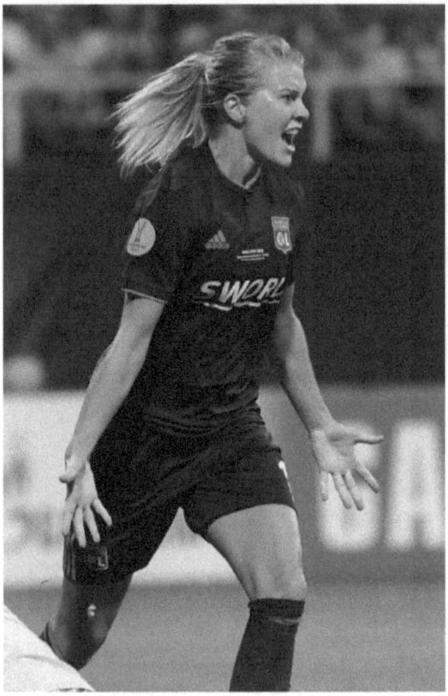

„Du bist die erste Frau, die den Ballon d'Or Feminin gewinnt - die höchste Auszeichnung auf individueller Ebene im Fußball der Frauen. Du kommst aus einer Saison, in der du 31 Tore in 20 Spielen erzielt hast, die französische Meisterschaft und die Champions League gewonnen hast. Während der Verleihung der prestigeträchtigen Auszeichnung, bei der Sportjournalisten aus aller Welt über Sieg und Niederlage entscheiden, hältst du eine emotionale Rede und ermutigst Mädchen aus aller Welt, dass sie an sich glauben sollen. Plötzlich kommt ein Moderator auf dich zu, der persönlich nichts mit deinem Sport am Hut hat und fragt dich vor den Augen der gesamten Welt, ob du nicht eine Runde twerken möchtest. So passiert ist es Ada Hegerberg im Jahr 2018. Dabei ist sie Pionierin des Frauenfußballs, noch während der aktiven Karriere die Rekordsiegerin und -torschützin der Women's Champions League und integre Aktivistin."

Aus Molde an die europäische Spitze

Geboren wurde Ada Stolmso Hegerberg am 10. Juli 1995 in Molde; einer Kleinstadt an der norwegischen Atlantikküste, die für ihren großen Rosengarten bekannt ist und den Beinamen Stadt der Rosen trägt. Gemeinsam mit ihren älteren Geschwistern Silas und Andrine spielte sie bereits in jungen Jahren Fußball. Das so geformte Talent blieb auch bei Kolbotn IL nicht übersehen, sodass sie bereits im zarten Alter von 15 Jahren in den Profikader ihres Heimatvereins aufstieg. Mit gerade einmal 16 Jahren war sie die beste Stürmerin und debütierte in der norwegischen A-Nationalmannschaft. Es ist nur logisch, dass nach zwölf Toren in 20 Partien Anfang 2012 mit einem Wechsel zu Stabæk FK der nächste Schritt folgte – gemeinsam mit ihrer Schwester. Zwar spielte sie nur ein knappes Jahr für den Verein aus dem Westen der norwegischen Hauptstadt Oslo, aber ihre Zeit dort war von außerordentlichem Erfolg gekrönt: Neben der Vizemeisterschaft gelang der Triumph im Pokal. Das Finale entschied Hegerberg mit einem Hattrick im Alleingang.

Nach 21 Toren in 15 Spielen stand der nächste Wechsel für die offensichtlich zu Größerem bestimmte Norwegerin an: Mit nach wie vor erst 17 Jahren schloss sie sich dem damaligen Topteam 1. FFC Turbine Potsdam an. Nun könnte man meinen, dass der Sprung aus den norwegischen Toppligen in die deutsche Bundesliga einige Eingewöhnungszeit erfordert. Nicht aber für Hegerberg: Innerhalb kürzester Zeit wurde sie eine der besten Stürmerinnen der Liga, erreichte mit dem Team aus Brandenburg das Halbfinale der Women´s Champions League und wurde 2013 Vizeeurpoameister mit Norwegen. Für die ehrgeizige Stürmerin, die in Potsdam mit 11 Toren in 25 Einsätzen auf sich aufmerksam machte, war das nicht genug.

Im Juli 2014 wechselte sie deshalb zum französischen Meister Olympique Lyon. In der ersten Saison gewinnt OL direkt das Double aus Meisterschaft und Pokal, wobei sie insgesamt 26 Treffer zum Mannschaftserfolg beisteuerte. In der Folgesaison 2015/16 gelang Hegerberg und Olympique ein echter Coup: Das Triple aus Meisterschaft, Pokal und der Women´s Champions League. Sowohl in der Liga (33 Tore in 21 Spielen) als auch in der Champions League (13 Tore in neun Spielen) wurde sie Torschützenkönigin und folgerichtig als Europas Fußballerin des Jahres ausgezeichnet. Bis zum Erscheinen dieses Buches folgten sechs weitere Meisterschaften und vier Pokalsiege in Frankreich sowie fünf Titel in der Women´s Champions League. Beinahe aberwitzige Zahlen, welche die spielerische Dominanz von Olympique Lyon und Ada Hegerberg verdeutlichen. Dabei adelt sie ihr Klub in den höchsten Tönen, sagte doch Lyon-Präsident Jean-Michel Aulas, dass sie eine mentale und physische Stärke über der Norm habe[19]. Auf Vereinsebene ist sie schon jetzt eine der erfolgreichsten Spielerinnen aller Zeiten. Mit der Nationalmannschaft lassen Titel (noch) auf sich warten.

Karriere in der *Landslaget*

Auf den Weg in die A-Nationalmannschaft durchlief Hegerberg alle norwegischen Juniorennationalteams, wurde 2011 unter anderem Vizeeuropameisterin mit der U19, spielte 2012 mit der U20 bei der Weltmeisterschaft in Japan und stellte sämtliche Rekordmarken auf, die bis heute unerreicht sind. Ihr bereits angesprochenes Debüt in der *Landslaget*, wie die Frauennationalmannschaft Norwegens auch genannt wird, gab sie am 19. November 2011 in einem Spiel gegen Nordirland – mit gerade einmal 16 Jahren. Auch wenn der erste Treffer noch bis 2013 auf sich warten ließ, war sie von nun an eine feste Stütze des norwegischen Frauenfußballs. Bei der Europameisterschaft 2013 verloren die Norwegerinnen erst im Finale gegen Deutschland – obwohl man in der Gruppenphase noch knapp gegen die DFB-Elf gewinnen konnte. Weniger dramatisch verlief die Weltmeisterschaft 2015, bei der Hegerberg zwar drei Tore in vier Spielen beisteuerte, ein Ausscheiden im Achtelfinale gegen England jedoch auch nicht verhindern konnte. Bei der Europameisterschaft 2017 kam es noch dicker: Sang- und klanglos schied man in der Gruppenphase aus – ohne einen eigenen Treffer. Auch die Weltmeisterschaft 2023 endete nicht wie erhofft für Hegerberg und norwegische Fans. Zwar setzte man sich in der Gruppenphase noch souverän durch, scheiterte dann aber gegen Japan erneut im Achtelfinale. Aufmerksamen Lesern wird aufgefallen sein, dass zwischen 2017 und 2023 eine Lücke ist, in der Hegerberg nicht für die Nationalelf auflief. Das liegt an der Tatsache, dass sie eben nicht nur auf dem Fußballfeld für ihre Ziele kämpft, sondern auch daneben.

---

[19] Michael Spicher [MS], 2023

Vorbild

Als professionelle Sportlerin ist Hegerbergs Alltag vom Fußball dominiert. Tag für Tag, Woche für Woche und Monat für Monat trainiert, spielt oder regeneriert sie, um sportliche Topleistungen zu bringen. Sie und ihre Mitspielerinnen setzen dabei teilweise ihre Gesundheit aufs Spiel, müssen die Familienplanung hinten anstellen oder gar weit entfernt von ihrer Familie leben und arbeiten. Auf Vereinsebene erhält sie dafür den Respekt, den sie verdient. Dies war im Umfeld der Nationalmannschaft lange nicht der Fall, weshalb Hegerberg 2017 einen drastischen Schritt ging, der persönlich wie sportlich weitreichende Folgen mit sich brachte. Nach der Europameisterschaft 2017 verkündete Hegerberg ihren Rückzug aus der norwegischen Nationalmannschaft – mit gerade einmal 22 Jahren und als beste Spielerin ihres Landes. Im Zuge dessen übte sie in einem Interview mit der englischen Tageszeitung Guardian harsche Kritik am eigenen Verband: „Fußball ist der beliebteste Sport in Norwegen [...], aber [...] Mädchen haben nicht die gleichen Chancen wie die Jungen." In den folgenden Jahren heimste sie mit ihrem Verein einen Titel nach dem anderen ein, prangerte aber immer wieder den mangelnden Respekt für Frauenfußball an. Dabei betonte sie mehrfach, dass die wirtschaftlichen Rahmenbedingungen besser geworden sind und die Frauenteams es verdienen, ihren Teil davon zu erhalten. Unrecht hat sie dabei keineswegs: Stand 2021 verdiente sie als eine der besten Spielerinnen der Welt 425.000 Dollar jährlich. Im Männerteam von Lyon wurden zur gleichen Zeit Gehälter von weit über 2,5 Millionen Dollar ausgezahlt.[20] Dabei galt das Frauenteam als das beste der Welt, gewann die heimische Liga in Serie und räumte auch international kräftig ab. Die Männer hingegen zählten damals wie heute zwar zu einem der Topteams in der französischen Ligue 1, der letzte Erfolg auf internationalem Parkett liegt aber schon mehrere Jahrzehnte zurück.

Anfang 2022 kündigte Hegerberg an, dass sie wieder in die norwegische Nationalmannschaft zurückkehrt. Ihre Entscheidung aus 2017 bereute

[20] Chris Lugert [CL], 2023

sie aber keineswegs, vielmehr möchte sie die Reichweite der Länderspiele für ihre Ziele einsetzen. „Ich möchte meinen Teil dazu beitragen, dass wir sowohl Mädchen als auch Jungen im ganzen Land inspirieren." Dabei setzte sie auch sportlich ein Zeichen: Im ersten Spiel nach ihrem Comeback steuerte sie direkt einen Hattrick im Spiel gegen den Kosovo bei.

Für eine gleichberechtigte Behandlung aller Menschen setzt sich Hegerberg auch abseits der Welt des runden Balles ein. Als am 25. Juni 2022 bei einem islamistischen Anschlag in der norwegischen Hauptstadt Oslo zwei Besucher einer LGBTQ-Bar getötet wurden, ergriff sie stellvertretend für die Nationalmannschaft das Wort und verdeutlichte, dass zu lieben ein Menschenrecht sei. Auf diese Aktion folgte ein Torjubel im nächsten Spiel der Nationalmannschaft, bei dem sie die regenbogenfarbene Kapitänsbinde ihrer Mitspielerin Maren Mjelde symbolträchtig in die Luft hielt.[21]

Mehr als die Summe ihrer Titel

Bisher gab und gibt es keine Fußballerin, die an die sportlichen Erfolge von Hegerberg heranreicht – und das, obwohl sie noch aktiv ist. Sowohl Auszeichnungen auf individueller als auch mannschaftlicher Ebene füllen ihren Trophäenschrank: Ballon d´Or Feminin, Europas Fußballerin des Jahres, sechs Titel in der Women´s Champions League, acht französische Meisterschaften und neun nationale Pokale zählen zu den größten Erfolgen. In ihrer bisherigen Profikarriere erzielte sie im Schnitt 0,88 Tore pro Spiel. Abseits des Platzes nutzt sie ihre Reichweite für soziale Angelegenheiten und setzt sich für die Belange von Minderheiten ein. Und wenn sie so weitermacht, wird garantiert auch nie wieder eine prestigeträchtige Preisträgerin gefragt, ob sie nicht eine Runde twerken möchte. Ada Hegerberg ist die beste Fußballerin ihrer Generation – und doch so viel mehr als „nur" eine Fußballerin.

---

[21] Spiegel [S], 2023

ZLATAN IBRAHIMOVIĆ – EINE WELTKARRIERE IN ZITATEN

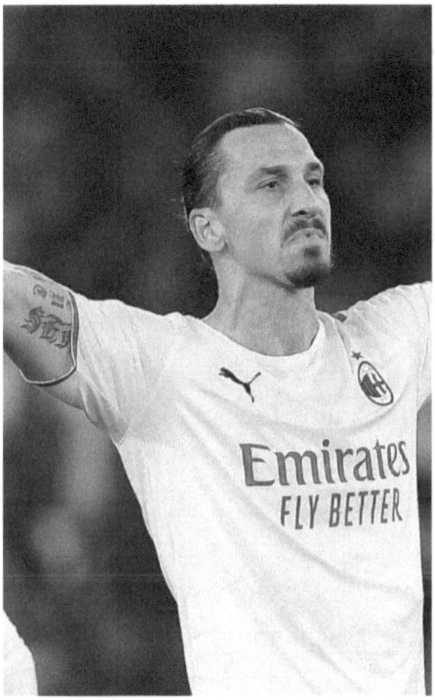

„Wenn ich einen Spieler sehe, der stärker ist als ich, werde ich meine Karriere beenden. Aber ich habe ihn noch nicht gesehen." Im Sommer 2023 war es dann doch soweit, der große Zlatan Ibrahimović beendete im Alter von 41 beinahe schon als Fußballgreis seine Karriere und mit ihm verließ einer der größten Charakterköpfe unseren Sport. Eine Zitatmaschine (mit seinen medienwirksamen, nicht (immer) ernst gemeinten Arroganzanfällen schon längst zu einer Kunstfigur geworden, der Chuck Norris des Fußballs), aber auch ein begnadeter Torjäger und Vollprofi – der Schwede wird noch lange Zeit in Erinnerung bleiben. Seine Karriere führte ihn von seiner Heimat Schweden, wo er ganze zwölfmal Fußballer des Jahres wurde, durch die Topligen Europas und an die Spitze des Weltfußballs. Oder wie Ibrahimović es selbst ausdrückte:

> *„Zum Frühstück hatte ich Schweden. Zum Mittagessen Europa. Zum Abendessen habe ich die Welt übernommen. Viele Menschen verstehen das Level nicht, auf dem ich bin."*

Angefangen hat die Geschichte des selbsternannten Gottes jedoch deutlich bescheidener. Als Sohn eines Bosniers und einer Kroatin wurde der kleine Zlatan in Rosengard, einem Problemviertel der südschwedischen Stadt Malmö, geboren. Früh ließen sich die Eltern scheiden und er wuchs zunächst bei seiner hart arbeitenden und seiner Autobiografie zufolge mitunter gewalttätigen Mutter auf, ehe mit neun Jahren der Vater, in dessen Kühlschrank manchmal nichts als Bier zu finden war[22], das Sorgerecht für seinen Sohn erhielt. Ein kleiner Junge mit einer auffällig großen Nase, einem ebenfalls auffälligen Lispeln und vielen familiären Problemen - Ibrahimović hatte keinen einfachen Start ins Leben. Wie viele Jungen in Rosengard, so suchte auch er seinen Ausweg in der Kriminalität. Laden- und Fahrraddiebstahl zählten zu seinem Alltag. Wahrscheinlich wäre er nach eigener Aussage Berufskrimineller geworden, wäre da nicht der andere große Ausweg gewesen: König Fußball. Schon früh begann er auf den Straßen Rosengards mit dem Fußballspielen, wo sich die Kinder und Jugendlichen des Viertels trafen, wo ein „Wow" nach einem gelungenen Trick mehr zählte als jedes Tor. Manchmal durfte der kleine, schmächtige Zlatan nicht mitspielen, musste von außen zuschauen wie andere die Anerkennung einheimsten, die er so dringend wollte. Die Wut, die Enttäuschung trieb ihn schon damals an und sollte es für den Rest seiner Karriere tun. „Ich muss wütend sein, um gut zu spielen." Diese Wut nutzte schon der junge Zlatan, um besser zu werden - besser als gestern und besser als alle anderen. So schnappte er sich den Ball und übte oft stundenlang die Tricks seines Idols, des Brasilianers Ronaldo. Bald konnte er nicht nur auf der Straße dominieren, sondern auch bei den lokalen Jugendvereinen. Wegen Disziplinlosigkeit zunächst auf der Bank sitzend drehte er beispielsweise im Alleingang einen „0:4"-Rückstand in einen 8:5-Sieg, erzielte alle acht Tore selbst. Irgendwann war es unumgänglich, dass der Weg nach oben führt, zum großen Malmö FF.

„Du kannst den Jungen aus dem Ghetto holen, aber das Ghetto nicht aus dem Jungen."[23]

Obwohl er vorher noch beim FBK Balkan aktiv war, einem Einwanderer-Club, war Ibrahimović bei Malmö FF plötzlich der Außenseiter. Der Junge

---

22 Zlatan Ibrahimović [ZI], 2012

23 ZI, 2012

aus dem Ghetto, der Jugoslawe, der anders war als seine schwedischen Teamkollegen. Er dribbelte lieber als den Ball abzuspielen, zankte sich mit Gegenspielern, Schiedsrichtern und sogar Mitspielern. Einem Mitspieler brach er nach einem Streit sogar die Nase, woraufhin eine Petition die Runde machte: Zlatan muss weg. Doch sein Jugendtrainer Åke Kallenberg zerriss das Blatt nur, zu groß war das Talent seines Sturmjuwels. Trotzdem setzte Kallenberg ihn regelmäßig auf die Bank, strich ihn vor dem Finale des schwedischen Juniorenpokals sogar aus dem Kader. Trotz seiner unbestrittenen Fähigkeiten machte sein blanker Egoismus auf dem Feld ihm häufig einen Strich durch die Rechnung, machte ihn bei Trainern, Mitspielern und Eltern unbeliebt. Auch außerhalb des Fußballs hatte Zlatan seine Probleme, wegen seinen Verhaltensauffälligkeiten wurde ihm in der Schule eine persönliche Lehrerin an die Seite gestellt – ohne nennenswerten Erfolg. Bald brach Ibrahimović die Schule ab, konzentrierte sich fortan nur noch auf den Fußball.

> *„Du bist mir scheißegal. Italienisch lerne ich, wenn ich Profi in Italien bin." (zu seiner Italienisch-Lehrerin)*[24]

Während heute in den Nachwuchsleistungszentren zu Recht großer Wert auf die Schulbildung parallel zum Fußball gelegt wird, war es für den Jungen aus dem Ghetto wohl die richtige Entscheidung. Denn nach viel harter Arbeit und den ersten Zweifeln, ob er wirklich für die Fußballerkarriere gemacht sei, kam unter Trainer Roland Anderson der Schritt ins Profiteam Malmös. Blutjung und ungeschliffen, war Zlatan der menschgewordene Rohdiamant, mittlerweile groß gewachsen aber noch immer ein spektakulärer Dribbler mit einem Hunger auf Tore. Selten kam er in seiner ersten Saison zum Einsatz und am Ende stand für den großen MFF, der in der Vergangenheit jahrelang den schwedischen Fußball dominierte, nach 62 Jahren der Abstieg in die zweite schwedische Liga, die Superettan. Schon damals hatten internationale Scouts ein Auge auf den Ausnahmefußballer geworfen, doch Sportdirektor Hasse Borg konnte

[24] ZI, 2012

„Ibracadabra" vom Verbleib überzeugen, die Superettan sei der perfekte Brutkasten für ein Talent wie ihn. Er sollte recht behalten, in der schwächeren Liga überzeugte sein Stürmer auf Anhieb. In Schweden war man außer sich, einen solch spektakulären Spieler hatten die Skandinavier in den eigenen Reihen noch nie gesehen. Zlatan trickste, Zlatan traf und Zlatan legte sich mit jedem an, der ihm im Weg stand. Schnell füllte er die Titelseiten der Gazette, die sich für zweitklassigen Fußball normalerweise herzlich wenig interessierte. Sie bezeichnete ihn unter anderem als „Superettas Superdiva". Und auch wenn seine polarisierende Art nicht immer auf Anklang stieß, war er schon als Teenager Publikumsliebling und maßgeblich am Wiederaufstieg Malmös in die Allsvenskan beteiligt.

> *„Ich hoffe, die Leute haben mich bis zum Saisonstart vergessen, damit ich in die Allsvenskan kommen und wie ein Blitz einschlagen kann."*

Es sollte anders kommen. Tatsächlich schlug Ibrahimović ein wie ein Blitz, gleich im ersten Saisonspiel gegen Meisterschaftsaspirant AIK gelangen ihm beide Treffer zum „2:0"-Erfolg. Vergessen hatte ihn jedoch niemand; im Gegenteil, er war in aller Munde. Denn seine überragende Saison in der Zweitklassigkeit hat auch international für Aufmerksamkeit gesorgt und so weilten im Trainingslager der Schweden auch Scouts vom niederländischen Spitzenclub Ajax Amsterdam sowie später auch der Sportdirektor Leo Beenhakker. Den Niederländern wurde beim Testspiel gegen Moss etwas geboten, was die Zeitungen als Zirkus Zlatan bezeichneten: Ibrahimović lupfte den Ball über den ersten Gegenspieler, legte ihn mit der Hacke über den zweiten, beförderte den Ball aus der Luft unwiderstehlich in die Maschen und rief den staunenden Scouts „Showtime!" zu.[25] Wenig überraschend waren die Niederländer beeindruckt und machten den Stürmer mit 7,8 Millionen Euro zum Rekordtransfer Schwedens, zwei Wochen vor dem erwähnten Saisonstart.

---

[25] ZI, 2018

> *„Manchmal wünschte ich, Boxen wäre Teil des Fußballs. So aber muss ich mich zusammenreißen."*

Bis zum Sommer blieb Ibrahimović noch in Schweden, dann vollzog er den Wechsel zu einem der größten europäischen Clubs der Geschichte. Der Junge aus dem Ghetto hatte es endgültig herausgeschafft. Doch wie bereits erwähnt, aus dem Jungen kann man das Ghetto nie ganz holen. Und so machte sich Ibrahimović auch bei Ajax nicht nur Freunde. Mit Kapitän und Leistungsträger Rafael van der Vaart zerstritt er sich; er verletzte ihn bei einem Länderspiel zu allem Übel auch noch schwer, van der Vaart unterstellte ihm (wohl zu Recht) Absicht. Wegen eines Ellenbogenschlages wurde er zudem für fünf Ligaspiele gesperrt. Der schon zu Anfang kritisch beäugte Transfer wurde nun von der Presse zerrissen. Als dann auch die Tore ausblieben, wurde der Stürmer zum ersten Mal in seiner Karriere von den eigenen Fans ausgepfiffen. Nach drei Saisons ging er als Publikumsliebling. Denn nach einem schwierigen ersten Jahr fing sich Ibrahimović und zeigte das, was er am besten kann: Tore und Spektakel. Jeweils 13 Ligatore waren es 02/03 und 03/04; zudem krönten zwei Meistertitel seine Zeit in der niederländischen Metropole. Wirklich glücklich wurde er bei Ajax jedoch nie und so brach er im Sommer 2004 seine Zelte ab, nicht ohne in seinem letzten Spiel noch mal die Massen zu begeistern. Gegen NAC Breda erzielte er ein wahres Zaubertor, eines der schönsten seiner Karriere, bei dem er die gesamte Defensive auf engstem Raum austanzte - anschauen und genießen.

> *„Mino ist viel mehr als ein Manager, er ist ein Freund, ein Bruder, ein Vater, alles."*

In Amsterdam lernte Ibrahimović einen der wichtigsten Menschen seiner Karriere kennen, seinen Berater und Manager Mino Raiola. Der mittlerweile verstorbene gebürtige Italiener, nach eigener Aussage „der Erste, der Zlatan sagte, dass er ein Arschloch ist", nahm sich des jungen Stürmers an und half, ihn zu einem Weltstar zu formen. Mit seinen gerade mal 20 Jahren fuhr Ibrahimović im Porsche durch Amsterdam, trug goldene Uhren und fühlte sich bereits wie der König der Welt. Raiola hingegen machte ihm klar: So wirst du niemals der Beste der Welt. Künftig war Ibrahimović im Fiat unterwegs und Raiolas Vater, Besitzer einer Pizzeria, rauschte im Porsche Turbo durch die Straßen Haarlems. Der Fokus des Angreifers lag nun vollkommen darauf, ein besserer Fußballer zu werden und es sollte sich auszahlen. Denn genau dieser Raiola war es auch, der dafür sorgte, dass der größte Traum Zlatans Realität wurde. Das, was er vor Jahren seiner Lehrerin an den Kopf warf, sollte nun wahr werden. Juventus Turin klopfte an, war bereit 16 Millionen Euro für den Schweden zu überweisen und ihn in die damals größte, beste und prestigeträchtigste Liga der Welt zu lotsen. Bei den Verhandlungen zeigte Raiola, wieso er zu den besten und erfolgreichsten Spielerberatern der Geschichte wurde. Mit kleinen Finten, großen Worten und einer Menge Verhandlungsgeschick manövrierte er sich und seinen Schützling durch die Verhandlungen mit den beiden Top-Clubs, nicht ohne parallel zum Entsetzen aller Anwesenden in den Büroräumen der alten Dame mit Fußbällen um sich zu schießen. Trotz allen Wahnsinns stand am Ende der bis dahin größte Transfer in der noch jungen Karriere von Zlatan Ibrahimović fest.

> *„Es war, als würde ich in ein Videospiel eintauchen, in dem ich mir aussuchen konnte, welche Spieler ich in meinem Team habe.“*[26]

Schon bei Ajax hatte er erstklassige Mitspieler wie van der Vaart, Wesley Sneijder, Jari Litmanen oder seinen engen Freund Maxwell. Doch die Gruppe, auf die Ibrahimović bei Juventus traf, war etwas ganz Besonderes. Buffon, Cannavaro, Nedved, Del Piero oder Trezeguet gehörten damals schon alle zu den besten Spielern auf ihren jeweiligen Positionen. Ein Jahr später kam mit Patrick Vieira der Spieler hinzu, dem Ibrahimović den größten Einfluss auf sein eigenes Spiel einräumt. Inmitten dieser Spieler war der große Zlatan plötzlich wieder ein Niemand, der sich beweisen musste. Genau das tat er. Schon bei seinem ersten Spiel war klar,

---

[26] ZI, 2018

dass hier ein neuer Zlatan auf dem Platz steht: durchtrainierter, noch selbstbewusster und einfach besser. Dieses erste Spiel gegen Brescia startete er noch auf der Bank, konnte sich jedoch auf der Stelle mit seinem Debüttreffer zeigen. Danach war Ibra, wie ihn der sonst eiskalte Trainer Fabio Capello liebevoll nannte, nicht mehr zu stoppen. 16 Tore und 8 Vorlagen steuerte der neue Wunderstürmer zur ungefährdeten Meisterschaft bei. Der Dribbler, der auf den Straßen Rosengards für die Wows und nicht die Tore spielte, wurde immer mehr zu einem eiskalten Torjäger. Mit einem Gardemaß von 1,95 m wusste er jeden Strafraum zu dominieren, selbst gegen die italienischen Defensivkünstler in der Serie A. Sein wuchtiger Abschluss und die Ruhe vor dem Tor, die man nur mit absolutem Selbstvertrauen erreichen kann, machten ihn zum Albtraum jedes Torhüters. Um das komplette Paket eines Stürmers abzurunden, zeigte er immer wieder, was ein schwarzer Gürtel in Taekwondo für einen Fußballer für einen Nutzen haben kann. Er flog durch die Strafräume Europas, erreichte mit seinem Fuß auch scheinbar unerreichbare Bälle und beförderte sie unhaltbar in die Maschen. Wüsste man es nicht besser, eine Tor-Compilation des Stürmers würde wirken wie aus einem Videospiel. Mit all diesen Qualitäten machte sich Ibrahimović sofort zum wichtigsten Mann in der Offensive der Lombarden und wurde von seinem Verein völlig zu Recht als Spieler des Jahres ausgezeichnet. In der folgenden Saison ging seine Produktivität deutlich zurück. Capello setzte ihn nun wegen seiner nach wie vor überragenden Technik etwas hängender ein, trotzdem war er für den zweiten Meistertitel in Folge von elementarer Wichtigkeit. Dass diese Meistertitel nicht in den Karrierestatistiken des Zlatan Ibrahimović auftauchen, hat den wohl größten Skandal der italienischen Fußballgeschichte als Grund. Im Frühjahr 2006 sickerte durch, dass Juventus Turin im großen Stil Verantwortliche und Schiedsrichter bestochen hat, um Spiele zu manipulieren. Der Turiner Weltklub wurde empfindlich bestraft und musste in die zweite Liga, die Serie B, zwangsabsteigen. Während einige Stars, wie etwa Buffon und Nedved, dem Verein die Treue hielten, verabschiedete sich Ibra für 25 Millionen Euro zu Inter Mailand.

„Von Anfang an haben Mino und ich gesagt, dass wir zu Inter gehen, um zu gewinnen und zu dominieren. Was ist passiert? Erstes Jahr: Wir gewinnen. Zweites Jahr: Wir gewinnen, und an diesem Punkt haben wir den italienischen Fußball dominiert."

Auch in der Modestadt Mailand ging es für Ibrahimović, mittlerweile schon als einer der besten Stürmer der Welt bekannt, weiter wie gewohnt. In seinen drei Jahren bei Inter konnte er dreimal die Serie A gewinnen, 2008 und 2009 wurde er jeweils Torschützenkönig. Die bereits beschriebenen Wundertore des Zlatan Ibrahimović häuften sich immer mehr und so war es auch kein Wunder, dass ihn Mailand zum damals bestbezahltesten Spieler der Welt machte. Nichtsdestotrotz blieb Ibrahimović rastlos, er träumte noch immer von Größerem: der Champions League. Trotz aller Erfolge, weder mit Ajax noch mit Juventus oder Inter, konnte er den prestigeträchtigsten Vereinswettbewerb bisher gewinnen. Und so zog es ihn nach Spanien, wo die zwei Schwergewichte FC Barcelona und Real Madrid gerade dabei waren, eine neue Dominanz im Weltfußball zu schaffen. Sein Trainer José Mourinho, einer der wenigen Trainer, mit denen er sich nie verkrachte und für den er, so versicherte Ibrahimović, sterben würde, versuchte ihm, den Transfer noch auszureden: „Du wirst die Champions League ohne mich nicht gewinnen." Mourinho sollte recht behalten. Im Tausch gegen 50 Millionen Euro und den Weltklasse-Stürmer Samuel Eto'o wechselte Ibrahimović zum FC Barcelona.

Ein Jahr später gewann Inter unter Mourinho die Champions League. Dies war eine Ehre, die Ibrahimović in seiner langen und erfolgreichen Karriere nie zuteilwurde.

„Diesen Philosophen (Guardiola) brauchen wir hier nicht. Der Zwerg (Messi) und ich reichen völlig aus."

In Mourinho, selbst ein bekannter Exzentriker, hatte Ibrahimović einen Trainer, der ihn verstand und zu händeln wusste. Der ihm auf dem Platz und daneben die Freiräume und die Chancen gab, einfach Zlatan zu sein. Beim FC Barcelona hatte jedoch Pep Guardiola das Sagen, ein ruhiger Zeitgenosse, der bei seinen Spielern großen Wert auf Bescheidenheit legt. Ein begnadeter Taktiker, der seine Spieler in ein enges Korsett aus Vorgaben schnürt und so wenig Raum für Individualität bietet. Was auf den ersten Blick wie ein klassisches Missmatch wirkt, begann sportlich denkbar gut. In seinen ersten fünf Spielen für den Club war Ibrahimović erfolgreich, harmonierte exzellent mit den großen Spielern aus der Barca Jugend, Xavi, Iniesta und Messi. Er selbst war reifer geworden, seine früheren Eskapaden sind Disziplin und Führungsqualitäten gewichen. Auf Wunsch Guardiolas verzichtete er darauf, im Ferrari oder Porsche zum Trainingsgelände zu kommen, wurde auf und neben dem Trainingsplatz stiller denn je. Der große Zlatan Ibrahimović passte sich tatsächlich dem FC Barcelona an, ordnete sich unter. Doch der für einen Fußballer so wichtige Wohlfühlfaktor ging verloren. Immer mehr begann es zwischen ihm und seinem Trainer zu rumoren. Spätestens als Weltfußballer Messi immer häufiger und weiter ins Zentrum gezogen wurde und Ibrahimović somit seine Freiheiten im Sturmzentrum geraubt wurden, war der Stab zwischen den beiden so unterschiedlichen Charakteren gebrochen. Der alte Zlatan kam wieder zum Vorschein, er brüllte Guardiola vor versammelter Mannschaft an, soll ihm sogar hinter verschlossenen Türen mit Schlägen gedroht haben. Guardiola, den er deshalb gerne und immer wieder als Feigling betitelte, vermied daraufhin sämtliche Konfrontationen und so wuchs in Schweden der Entschluss, das Missverständnis nach nur einem Jahr zu beenden. 22 Tore und zwölf Vorlagen steuerte er in dieser einen Saison zu insgesamt fünf Titelgewinnen bei, dann ging es zurück nach Mailand, zum großen Rivalen seines Ex-Clubs: zur AC Mailand.

„Sie sahen mich als einen Erlöser, jemanden, der sie retten wird und dafür sorgt, dass sie gewinnen."

Die Rückkehr nach Mailand war nicht nur für die AC eine Erlösung; nach der Zeit in Barcelona fühlte es sich auch für Ibrahimović wie eine Erlösung an, wie eine Heimkehr. Zurück in der Stadt, die er lieben gelernt hatte, zurück in einer Mannschaft voller Charakterköpfe wie Pirlo, Gattuso und Cassano. Vor allem aber konnte Zlatan wieder Zlatan sein, sowohl auf als auch neben dem Platz. Die Chance, sich wieder frei zu entfalten, nutzte er auf wirklich beeindruckende Art und Weise. In seiner ersten Saison im Trikot von Milan konnte er mit 26 Torbeteiligungen (14 Tore, zwölf Assists) in 29 Spielen schon beeindruckende Leistungen zeigen und mal wieder den „Serie A"-Titel nach Hause holen. In der Folgesaison, 2011/2011, wurde es dann beinahe absurd: mit 28 Toren und acht Vorlagen in nur 32 Ligaspielen war er der überragende Spieler der Liga, wurde zum zweiten Mal Italiens Fußballer des Jahres. Meister wurde allerdings sein Ex-Verein Juventus Turin. Doch auch in Mailand blieb er nie ohne Kontroversen. Gerade von einer Rotsperre zurückgekehrt, wurde er beispielsweise erneut für drei Spiele gesperrt, da er einen Schiedsrichter beleidigte. Noch heute beteuert Ibrahimović, er habe sich nach einem Fehlschuss lediglich über sich selbst geärgert. Unvergessen auch, dass er Kapitän Gennaro Gattuso, ein legendäres Raubein, nach einem Streit einfach in eine Mülltonne am Trainingsgelände steckte. Weniger witzig war da die Auseinandersetzung mit seinem Mitspieler, dem US-Amerikaner Oguchi Onyewu, die Andrea Pirlo in seiner Autobiografie wie folgt beschreibt: „Während einer Einheit in Milanello sah ich, wie sie übereinander herfielen wie zwei Jungs aus den härtesten Vierteln. Sie sahen aus, als würden sie sich gegenseitig umbringen und es gab definitiv einige gebrochene Rippen, trotz aller Dementi."[27] Auch mit Trainer Massimiliano Allegri war sich Ibra nicht immer einig. Nach einer „3:0"-Niederlage in der Champions League gerieten die beiden fast körperlich aneinander. Milan hatte das Hinspiel mit 4:0 gewonnen und Allegri besaß doch die Frechheit, die herbe Niederlage abzutun, da das Weiterkommen trotzdem gesichert war. Ibrahimović, ganz Lautsprecher und mittlerweile gewachsener Führungsspieler, konfrontierte den Übungsleiter daraufhin – und erhielt von namhaften Kollegen wie Zambrotta Zustimmung. Trotz allem fühlte sich Ibrahimović pudelwohl in Mailand, hatte er doch den Spaß am Fußball wieder gefunden. Trotzdem standen die Zeichen mal wieder

---

[27] Andrea Pirlo [AP], 2014

auf Abschied. Milan unter Präsident Silvio Berlusconi hatte finanzielle Probleme, die erheblichen Schulden wollten ausgeglichen werden. Und so mussten die Italiener ihr Tafelsilber verkaufen, unter anderem den wohl besten Stürmer der Welt.

„Ich kam als König und ging als Legende."

In Frankreich entstand derweil eine neue Macht im Fußball, Paris Saint Germain. Der Emir von Katar hatte den Club übernommen und seinen Vertrauten Nasser Al-Khalaifi als Präsident installiert. Mit einem ganzen Ölstaat im Rücken begannen die Franzosen zu investieren, verpflichteten Spieler die Lavezzi, Verratti, Thiago Silva und eben Ibrahimović. Das Ziel des Emirs war klar. „Ich habe ihn im Hotel getroffen und draußen waren mehr Wachen, als du dir vorstellen kannst. Er war es, der mich treffen wollte – Fußball ist eine seiner großen Leidenschaften. Als wir so da saßen, erzählte er mir genau, was er aus PSG machen wollte. In der Hauptstadt Europas wollte er das stärkste Team etablieren. (Sportdirektor) Leonardo war auch bei dem Treffen und irgendwann begannen sie zu diskutieren, welche Spieler sie noch verpflichten wollen. Ich erinnere mich wie Leonardo sagte: „Das geht nicht, das Budget ist ausgeschöpft." Und der Emir erwiderte: „Keine Sorge, wir machen ein neues Budget." In diesem Moment wusste ich, das wird gut werden."[28] Wie zu erwarten, dominierte das Starensemble aus der Stadt der Liebe die Ligue 1 nach Belieben.

In seinen vier Jahren in Paris gewann Ibrahimović viermal die Liga. Auch individuell war er, mittlerweile schon über 30 Jahre alt, weiterhin unantastbar. In seiner ersten Saison konnte er gleich als erster Spieler seit mehr als 20 Jahren über 30 Tore in einer Saison erzielen; in seiner letzten Saison waren es dann ganze 38 Tore, ergänzt durch weitere 13 Vorlagen. Mit seinen Leistungen und seiner Persönlichkeit hievte Zlatan PSG beinahe im Alleingang ins Rampenlicht, er überragte alles und jeden. Auch wenn die Liga vergleichsweise schwach war – laut Ibrahimović waren die

---

[28] ZI, 2018

Gegenspieler im Training oft besser als im Spiel, 214 Torbeteiligungen in 180 Spielen für Paris sprechen eine deutliche Sprache. Aus dem Weltklasse-Stürmer mit den coolen Sprüchen war ein echter Star geworden, beinahe eine Kunstfigur. So nutzte er auch seinen eigenen Körper als Leinwand, schrieb sich Dutzende Namen auf den Oberkörper, um diesen dann beim Torjubel zu enthüllen. Diese Namen sollten Aufmerksamkeit auf die 800 Millionen hungernden Kinder weltweit und die Arbeit des UN World Food Programme lenken - mit Erfolg, das Bild ging weltweit durch die Medien. Man kann, wie er es bei seinem Abschied selbst tat, mit Fug und Recht behaupten: Zlatan Ibrahimović war zur Legende geworden. Vier Jahre in einem Verein sind eine lange Zeit für einen Wandervogel und so war früh klar, dass seine Zeit in Paris mit Ablauf des Vertrags 2016 vorbei ist.

„Schick mir ein Flugticket und ich komme sofort rüber."

Als dann José Mourinho, neu bei Manchester United, lockte, gab es für Ibra keine Zweifel. Kurz vor seinem 35. Geburtstag, ein Alter, in dem viele Fußballer schon an ihr Karriereende denken, schickte er sich zum dritten Mal in seiner Laufbahn an, die stärkste Liga der Welt zu erobern. Die englische Öffentlichkeit kritisierte ihn schon seit Jahren, meinte, er habe keine Chance gegen englische Teams. In der Champions League und vor allem mit einem gewissen Treffer gegen die englische Nationalmannschaft, einem Fallrückzieher aus über 25 Metern, strafte er sie zwar Lügen, eine gewisse Skepsis blieb jedoch. Es war eine Skepsis, die er innerhalb weniger Monate auflösen sollte. Bei einem schwachen United war der Mittdreißiger als einer der wenigen gesetzt, traf bis zum 32. Spieltag 17-mal. „Zlatans Ankunft bei United hat die Intensität und die Qualität unseres Spiels angehoben, im Spiel und im Training. Es ist wirklich komisch, aber er hat es immer geschafft, die richtigen Knöpfe zu drücken, um uns heiß zu machen", schwärmte auch Mitspieler Juan Mata vom Ausnahmestürmer. Auch international marschierte United, konnte sich bis ins Finale der Euro League spielen. Ausgerechnet Ajax Amsterdam hieß der Finalgegner. Doch Ibrahimović sollte das Spiel und noch viele mehr verpassen. Im Viertelfinale gegen RSC Anderlecht landete er nach einem Luftzweikampf unglücklich, sein Knie bog sich komplett in die falsche Richtung und beinahe jedes Band, inklusive Kreuzband, riss. Das war eine Verletzung, die im hohen Fußballeralter eigentlich das Karriereende bedeuten müsste. Mal wieder zeigte Ibrahimović, dass er einfach anders ist als der Normalbürger, nur sieben Monate später stand er wieder auf dem Platz. Der Gleiche war er aber nicht mehr, er wirkte unkoordinierter und langsamer, kam nur noch selten zum Einsatz. So entschied er sich dann, die großen Ligen Europas zu verlassen und den Schritt über den großen Teich zu wagen.

> *„Dear Los Angeles, You're welcome."*

Liebes Los Angeles, gern geschehen. Mit einer ganzseitigen Anzeige in der Los Angeles Times, die nur diese Worte enthielt, gab er seinen Wechsel zu LA Galaxy in der MLS bekannt. Abseits der großen Aufmerksamkeit der europäischen Medienlandschaft und gegen meist nicht annähernd ebenbürtige Gegenspieler dominierte Ibrahimović mal wieder eine komplette Liga, konnte in beiden Saisons in Kalifornien mehr Torbeteiligungen als Einsätze abliefern. Im Januar 2020, mittlerweile schon 38 Jahre alt, verließ er die USA wieder. Es wäre das perfekte Ende einer wirklich märchenhaften Karriere. Doch Ibrahimović ist nicht Trapattoni, er „hatte" nicht fertig.

> *„Ich bin wie Benjamin Button. Ich wurde alt geboren und werde jung sterben."*

In eine Stadt kehrte Ibrahimović immer wieder zurück: Mailand. In diesem Fall in die rot-schwarze Seite der Stadt zur AC. Der 18-malige Meister konnte das letzte Mal 2011, damals noch mit Ibrahimović im Sturm, den Meistertitel erringen. Seitdem ging es für die Rossoneri stetig bergab, zuletzt blieb sogar sechs Jahre lang die Qualifikation zur Champions League aus. Zu Beginn des Jahres 2020 stand Milan nun auf einem historisch schlechten 12. Tabellenplatz, hatte weniger als die Hälfte der

Punkte von Tabellenführer Juventus. Wie so oft konnte Ibrahimović einem Verein Leben einhauchen. Mit zehn Toren und fünf Vorlagen in einer Halbserie bugsierte er seine Farben auf den 6. Tabellenplatz und somit sogar ins internationale Geschäft. 2021/2022 musste sich der Club, wenn auch deutlich, nur dem Lokalrivalen Inter geschlagen geben. 15 Tore in 19 Spielen steuerte Ibra zu diesem Achtungserfolg bei. Selbst er musste jedoch zugeben, dass sein Körper mit nun fast 40 Jahren gezeichnet von den Strapazen des Profisports war. Immer mehr häuften sich die Verletzungen, doch ans Aufhören dachte der König von Mailand nicht. 2022 war es dann tatsächlich wieder soweit, Ibrahimović konnte einen weiteren, seinen letzten, Titel ergattern. Mittlerweile meistens nur noch als Teilzeitarbeiter von der Bank aktiv, steuerte er trotzdem noch elf Scorerpunkte zur ersten Meisterschaft Milans seit über zehn Jahren bei. Ausgelassen feierte er den Titel mit seinen teils halb so alten Teamkollegen; im heimischen San Siro wurde ihm ein ganz besonderer Empfang zuteil. Als letzter Spieler verließ er bei der Titelfeier die Katakomben, spritzte Champagner auf die frenetisch feiernden Zuschauer, zog an einer Zigarre und sonnte sich im Jubel seiner Fans. Ein würdiger Abgang für eine Legende. Die vier Spiele, die er in der Folgesaison absolvierte, bevor er verletzungsbedingt das Ende seiner Karriere verkündete, seien an dieser Stelle ignoriert.

> *„Ich bin kein typischer Schwede, aber ich habe Schweden auf die Karte gebracht."*

Den Stereotyp des Schweden erfüllte Ibrahimović nie. Schon rein optisch stach er aus der Masse der blonden Schweden hervor, auch das ausgeglichene und bescheidene Gemüt der Skandinavier ist ihm schon immer fremd. Und trotzdem oder gerade deswegen ist Zlatan ein Nationalheld, der größte schwedische Fußballer, vielleicht sogar Sportler der Geschichte und Vorbild für tausende junge Sportler, für Einwanderer und deren Kinder. „Weil meine Eltern Einwanderer waren, musste ich immer besser als jeder andere sein um akzeptiert zu werden." Das gelbe Trikot des Nationalteams trug er mit Unterbrechungen von 2001 bis 2023, seit

2010 führte er das Team als Kapitän auf den Platz. Mit seinen 62 Toren ist er Rekordtorschütze der Schweden und wird es vermutlich für eine lange Zeit bleiben. Der Junge aus Rosegard, der kleine Fahrraddieb und Tunichtgut - heute schaut ein ganzes Land zu ihm auf.

> *„Ich bin die Nummer eins. Ich denke wirklich so. Wenn du denkst, du bist der Zweitbeste, dann ist es vorbei. Die Tatsache, dass ich nie Weltfußballer geworden bin, heißt nicht, dass ich nicht die Nummer eins sein kann."*[29]

MARTA – DIE KÖNIGIN DES FUSSBALLS

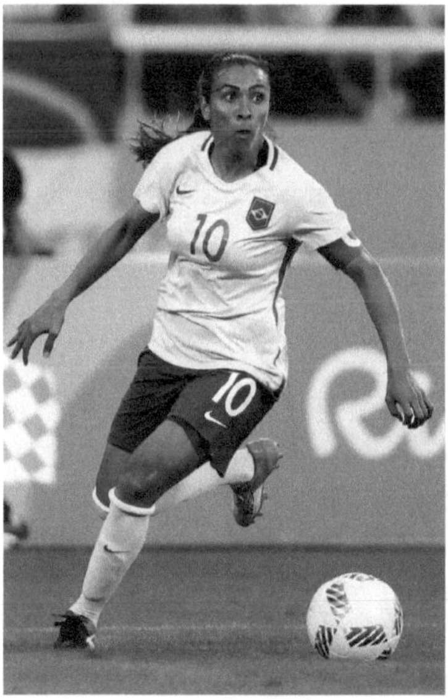

Die Debatte um den „GOAT", den Greatest Of All Time, wird im Fußball schon seit Ewigkeiten leidenschaftlich geführt. Zu einem Kosens konnten die Fans bisher jedoch nicht kommen, die Fronten sind zu verhärtet und die Optionen zu viele. Ist es einer der Stars der letzten Jahre, Lionel Messi oder Cristiano Ronaldo? Oder doch einer der großen Altstars um Diego Maradona und Pelé? Eine einheitliche Meinung wird sich hier wohl nie finden lassen. Ganz anders sieht es bei den Frauen aus: die Brasilianerin Marta Vieira da Silva, besser bekannt als Marta, steht als sechsmalige Weltfußballerin einsam an der Spitze. In ihrer beispiellosen Karriere war sie maßgeblich

[29] ZI, 2018

daran beteiligt, den oft belächelten Frauenfußball voranzutreiben und unzählige Mädchen dazu zu inspirieren, ihren Träumen zu folgen, trotz oder sogar wegen allen kritischen Stimmen. Marta ist eine Ikone unseres Sports und ein strahlendes Vorbild für Spieler und Spielerinnen jeden Geschlechts.

Aus der Hölle an die Spitze

Geboren wurde Marta am 16. Februar 1986 in Dois Riachos, Brasilien. Sie wuchs in ärmlichen Verhältnissen auf, der Vater verließ die Familie früh. Das Fußballspielen erlernte Marta auf der Straße, mit Jungen die vergeblich versuchten, sie mit Tritten zu bremsen, während sie an ihnen vorbei dribbelte. „Meine erste Erinnerung ist Fußballspielen mit den Jungs in der Nachbarschaft"[30], erinnert sie sich Jahre später. Doch Marta wollte mehr, sie wollte raus aus ihrem Heimatdorf und in die Welt ziehen, um ihr einzigartiges Talent für den Fußball zu einer Karriere zu machen. Und so zog sie von zuhause los, mit gerade einmal 14 Jahren, um in Rio de Janeiro ihrem Traum zu folgen. 2000 Kilometer und laut Google Maps eine 30-stündige Autofahrt trennten Marta fortan von allem, was sie bisher kannte. Mit den Worten „Ich bin durch die Hölle gegangen." beschrieb sie diese Zeit in ihrem Leben später, doch dieser Weg durch die Hölle sollte sie an das Ziel ihrer Träume bringen.

In Rio angekommen wurde sie schon bald vom dortigen Club Vasco da Gama, benannt nach dem portugiesischen Seefahrer, unter Vertrag genommen. Mit 16 Jahren spielte sie schon bei der U-19-Weltmeisterschaft mit, wo sie alle sechs Spiele über die volle Distanz absolvierte und beeindruckende sechs Treffer beisteuern konnte. Schon ein Jahr später gab sie ihr WM-Debüt und konnte auch bei den Seniorinnen sofort überzeugen. In vier Partien erzielte sie drei Tore und konnte sich so für einen Wechsel in eine der großen europäischen Ligen empfehlen. Umae IK hieß der

30 Andreas Landberg [AL], 2015

schwedische Verein, für den Marta fortan in Schweden auf Torejagd ging und bei dem der Stern der Ikone endgültig aufging.

Joga Bonito – Das schöne Spiel

Als Pelé im Rock betitelte das Original die Stürmerin selbst und so problematisch diese Aussage auch ist, so nahe liegt der Vergleich. Denn wie Pelé begeisterte auch Marta schon in jungen Jahren die Massen mit ihrem Spiel. Mit ihrer herausragenden Technik ging sie regelmäßig durch Verteidigungen wie ein heißes Messer durch Butter, ihre Kabinettstückchen am Ball waren das brasilianische Joga Bonito, das schöne Spiel, in seiner reinsten Form. Aber ihr Spiel besteht nicht nur aus Spektakel, die nur 1,62 Meter große Angreiferin verfügte schon damals und noch heute in ihren späten Dreißigern über eine beeindruckende Robustheit. Und während bei vielen brasilianischen Trickserinnen und Tricksern das Endprodukt nicht mit der vorher gezeigten Ballkunst mithalten kann, ist Marta vor dem Tor schon immer kalt wie eine Hundeschnauze. Gepaart mit den Freistößen und Distanzschüssen, die sie mit ihrem magischen linken Fuß regelmäßig in die Maschen befördert, macht sie das zu einer kompletten Offensivspielerin. Diese einzigartigen Fähigkeiten machten sie auf Anhieb zur Starspielerin ihres neuen schwedischen Clubs, mit dem sie gleich in ihrer ersten Saison den Vorgängerwettbewerb der Champions League, den UEFA Women's Cup, für sich entscheiden konnte. Dabei erzielte sie allein in den beiden Finalspielen drei Tore. In ihren fünf Jahren im Trikot der Schwedinnen konnte sie viermal den Ligatitel erringen und erzielte wahnwitzige 111 Tore in nur 103 Spielen. 2006 wurde sie absolut folgerichtig als Weltfußballerin des Jahres ausgezeichnet, eine Auszeichnung die sie bis 2010 fünf Jahre in Folge erhalten sollte – selbstverständlich ein kaum erreichbarer Rekord. Auf dem Höhepunkt ihrer Karriere, am Tag ihrer vierten Wahl zur Weltfußballerin, verkündete Marta schließlich ihren Abschied aus Schweden und schloss sich Los Angeles Sol an. „Das Wichtigste für mich ist, an einem Ort zu sein, an dem die besten Spielerinnen der Welt spielen, und das ist es was sie hier erreichen wollen. Die amerikanische Liga ist eine der besten der Welt, also musste ich jetzt kommen." Ihre Zeit in den USA war geprägt von Toren und Erfolgen.

Jede ihrer drei Saisons beendete sie als Torschützenkönigin, in allen drei Saisons konnte sie ihre Farben in das Finale der WPS (Women's Professional Soccer) führen, zweimal ging sie als Sieger vom Platz. Doch die WPS wurde nach nur drei Jahren aufgelöst, womit Marta auf alle Zeiten als Rekordtorschützin und Rekordsiegerin in die Annalen eingehen konnte. Aus den USA ging es also zurück nach Schweden, zu Tyresö FF, ein Wechsel zurück in ihre zweite Heimat, wie Marta bei ihrer offiziellen Vorstellung beim Stockholmer Club unter Tränen versicherte. Doch trotz dieser Verbundenheit waren es wohl auch finanzielle Motive, die sie zu diesem Transfer bewegten. Zahlen nannte Tyresö FF nicht, ihr Gehalt sollte jedoch deutlich über 100.000 Euro jährlich betragen haben und von Sponsoren des Vereins getragen worden sein. Verglichen mit den 3.500 Euro, mit denen Spitzenverdienerinnen in der Liga „Damallsvenskan" monatlich bisher allenfalls rechnen konnten, zeigt das Martas Ausnahmestellung. Doch wie schon in den USA war „A Rainha" (Die Königin) kein Glücksbringer. So konnte Tyresö zwar zum fünften Mal die schwedische Liga gewinnen und zog im Champions-League-Finale gegen den VfL Wolfsburg denkbar knapp mit 3:4 den Kürzeren, doch kam es zum finanziellen Kollaps und Zwangsabstieg des Clubs. Im Sommer ging es für Marta dann zu ihrem dritten Club in ihrer zweiten Heimat, zum FC Rosengard nach Malmö. Auch dort machte der brasilianische Titelhamster weiter, wo er aufgehört hat: mit Toren, Meisterschaften und Pokalen. 2017 zog es sie dann zurück über den großen Teich in die USA zu Orlando Pride, wo sie nicht nur sportlich, sondern mit ihrer Mitspielerin Toni Pressley auch privat ihr Glück fand. Im Trikot der Pride wurde sie in der ersten Saison sofort zum MVP der Liga und 2018 zum sechsten Mal zur Weltfußballerin gewählt. Im nun hohen Fußballalter agiert sie schon länger nicht mehr in vorderster Front, sondern hinter den Spitzen, von wo aus sie mit ihrer exzellenten Technik die Angreifer füttert, aber auch selbst zum Torerfolg kommen kann.

Die unvollendete Königin

Leider ist auch ein Teil von Martas Geschichte, dass ihre beeindruckenden Leistungen für ihre Clubs selten in der breiten Öffentlichkeit gewürdigt wurden. Zu klein war und ist das Interesse am Frauenfußball – selbst in den hier führenden Nationen USA und Schweden, in denen sie den Großteil ihrer illustren Karriere verbrachte. Deutlich mehr Aufmerksamkeit erregten die Leistungen für die Selecao, die Nationalmannschaft Brasiliens. Für die Elf vom Zuckerhut trat A Rainha das erste Mal 2003 bei einer Weltmeisterschaft an, mit nur 17 Jahren konnte sie bis zum Viertelfinal-Aus gegen die Schweden drei Tore in vier Spielen erzielen. Vier Jahre später drangen die Brasilianerinnen bis ins Finale vor, das Team um das überragende Trio Marta, Formiga und Cristiane musste sich jedoch Deutschland in einem dramatischen Finale geschlagen geben.[31] Sieben Tore erzielte allein Marta bis zu diesem Finale, im Finalspiel dann das Drama. Beim Stand von 1:0 für Deutschland gab es plötzlich Elfmeter für Brasilien, wie selbstverständlich schnappte sich Marta die Kugel – sie scheiterte an Nadine Angerer. In der Schlussphase machten die Deutschen mit dem 2:0 den Deckel auf einen Wettbewerb, der symbolisch für die internationale Karriere der besten Fußballerin der Geschichte werden sollte. Denn trotz allzeit überragenden Leistungen auf der größten Bühne, eine Weltmeisterschaft fehlt in ihrem prall gefüllten Trophäenkabinett. Auch 2023, bei ihrem letzten Auftritt bei einer Weltmeisterschaft, ging Marta leer aus und so wird die Beste aller Zeiten auch als ungekrönte Königin in die Geschichte eingehen.

---

31 FIFA, 2023

BRIAN CLOUGH – MISSVERSTANDEN UND ERFOLGREICH

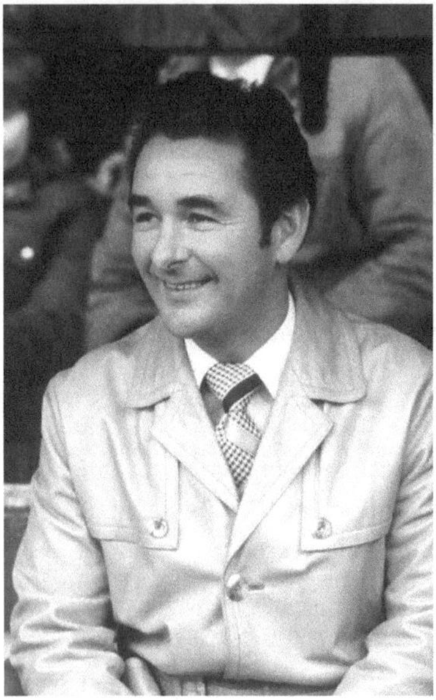

Wir schreiben das Jahr 1979. Helmut Schmidt ist Bundeskanzler der Bundesrepublik, John Lennon wird in New York erschossen und in der englischen Stadt Nottingham erreicht eine sportliche Dynastie ihren ersten Höhepunkt. Am 30. Mai des Jahres findet im Münchener Olympiastadion das Finale im Europapokal der Landesmeister zwischen dem schwedischen Serienmeister Malmö FF und Nottingham Forest statt. Die Ausgangssituation für die beiden Mannschaften könnten nicht unterschiedlicher sein: Für die Schweden war der Einzug ins Finale nur folgerichtig, spielte man doch jahrelang international, dominierte die einheimische Liga nach Belieben und gewann mehrfach den Pokal. Bei Forest hingegen sah es komplett anders aus. Nur drei Jahre vor dem Finaleinzug dümpelte man noch im Mittelmaß der zweiten englischen Liga, der Second Divison. Verantwortlich für die Wiederbelebung und den steilen Aufstieg der Tricky Trees war maßgeblich ein Mann: Brian Howard Clough. Ein Trainer, der dieses Kunststück bei mehreren Vereinen vollbrachte und aus rein sportlicher Sicht zu den besten britischen Coaches aller Zeiten zählen muss – wäre da nicht das ständige Gestolpere über sein eigenes Ego. Aber von vorne.

Der Achterbahn-Spieler

Seine Spielerkarriere begann der damals 20-jährige Clough im Jahre 1955 als vielversprechendes Stürmertalent bei seinem Jugendverein, dem FC Middlesbrough. Mit 197 Toren in 213 Spielen ist er bis heute einer der erfolgreichsten Torschützen, die je das Trikot von *Boro* trugen. Abseits vom sportlichen Erfolg lernte er hier Peter Taylor kennen, der damals als Torhüter zwischen den Pfosten stand und später eine entscheidende Rolle in der Trainerkarriere von Clough spielen sollte. Auch in der englischen Nationalmannschaft kam er im Oktober 1959 zweimalig zum Einsatz, konnte in den Spielen gegen Wales und Schweden jedoch keinen nachhaltigen Eindruck hinterlassen, sodass er von Nationaltrainer Walter Winterbottom nicht weiter berücksichtigt werden würde.

Nach mehrmaligem Verpassen des Aufstiegs in die First Division wechselte Clough 1961 mit 26 Jahren zum Lokalrivalen AFC Sunderland: ein erster Wink, dass er sich nicht immer für den einfachsten Weg entschied und vor Herausforderungen nicht zurückschreckte. Zwar konnte er seine Treffsicherheit mit 54 Toren (61 Spiele) auch in Sunderland unter Beweis stellen, jedoch scheiterte man auch hier knapp am erhofften Aufstieg. Am *Boxing Day* 1962 zog er sich in einem Ligaspiel gegen den Bury Football Club eine Verletzung zu, die das Ende seiner Spielerkarriere einläutete. Beim Versuch, einen Steilpass zu erreichen, kollidierte er mit dem gegnerischen Torhüter und prallte mit dem Kopf auf den frostigen Boden. Noch schwerer erwischte es jedoch sein Knie: Sowohl Kreuz- als auch Innenband rissen – in der damaligen Zeit bedeutetet das oftmals das Ende der sportlichen Karriere.

Zwar kämpfte er sich in den folgenden Jahren verbissen zurück und spielte 1964 sogar noch einige Spiele, aber seine Leichtigkeit verlor er am Boxing Day 1962. Final beendete er seine Spielerkarriere dann Ende 1964 aufgrund der Spätfolgen der Verletzung.

Aus nur einer einzelnen Szene heraus entwickelte sich Clough vom gefeierten Star zum Sport-Invaliden, der ohne finanzielle Absicherung vor dem Nichts stand. Der Mythos um ihn als den unvollendeten Spieler war geboren. Das ist ein weiterer Beleg dafür, dass der Spieler Brian Clough nur selten das Glück auf seiner Seite hatte: Dem AFC Sunderland gelang in der ersten Saison nach seinem Karriereende der direkte Aufstieg.

Bedeutung der Verletzung

Im Fußball sind einzelne Augenblicke entscheidend – Tor oder kein Tor, Sieg oder Niederlage, unvollendetes Talent oder WM-Siegtorschütze. Brian Clough bildete hier keine Ausnahme, eher im Gegenteil. In der Saison, in der er sich verletzt hatte, kam er in bisher 24 Ligaspielen auf die gleiche Anzahl an Toren. Sunderland stand in der Tabelle auf dem dritten Platz – und verpasste den Aufstieg zum Ende der Saison mit einem fehlenden Punkt nur denkbar knapp. Ob ein Stürmer, der statistisch gesehen in jedem Spiel der Saison traf, etwas an dem knappen Ausgang hätte ändern können, darf sich jeder selbst ausmalen. Für ihn war die Verletzung, der lange Regenerationsweg und die unausweichliche Erkenntnis, dass er seine Fußballschuhe an den Nagel hängen muss, der Beginn einer persönlichen Talfahrt. Die Gehälter der damaligen Zeit waren nicht im Ansatz vergleichbar mit den heutigen; individuelle Absicherungen bildeten eher die Ausnahme – folglich stand er mit seiner Familie vor dem finanziellen Ruin. Er selbst sagte später, dass er zu der Zeit viel getrunken habe und das Zusammenleben mit ihm die Hölle war.[32]

Aus seinen späteren Jahren als Trainer ist Clough vor allem als charismatische, selbstbewusste, bisweilen arrogante und überheblich auftretende Persönlichkeit bekannt. Gut möglich, dass er sich mit der Zeit ein immer dickeres Fell zulegte, um die tiefen Wunden der unvollendeten Spielerkarriere zu überdecken.

---

32 The History Press [HP], 2023

Aus der vierten Liga an die Spitze

Nach einigen Monaten als Jugendtrainer beim AFC Sunderland übernahm Clough Ende 1965 den damaligen Viertligisten Hartlepool United. Bei seinem Amtsantritt verkündete der 30-Jährige, dass man doch in ein kleines Örtchen namens Hartlepool fahren solle, wenn man von nun an etwas Gutes sehen wollte.[33]

Clough war der geborene Anführer, ein harter Hund, der im Training aktiv mitmachte, sich bei jeglicher Form von Kritik schützend vor seine Mannschaft stellte und sie so zu Höchstleistungen motivierte. Mit seinem Assistenztrainer Peter Taylor, den er noch aus Sunderland-Zeiten kannte, harmonierte er hervorragend. Beide verband eine enge Freundschaft, auch wenn sie nach außen nicht unterschiedlicher sein konnten. Clough der scharfsinnige, charismatische Chef und Taylor, der in sich gekehrte, vom Spiel besessene Assistent mit einem besonderen Händchen für Talente. Dieses Fähigkeitengefälle spielte später noch eine entscheidende Rolle, als Taylor zum Cheftrainer von Brighton wurde und es Clough zum damaligen Serienmeister Leeds United zog, um die Nachfolge des legendären Don Revie anzutreten.

Bei Hartlepool feierte das kongeniale Duo eine erfolgreiche Saison, in der sie das Team aus dem Abstiegskampf holten und nur knapp den Aufstieg verpassten. Nach einer weiteren Saison, in welcher der Aufstieg mit Platz 8 erneut verpasst wurde, wechselten Clough und Taylor vor der Saison 1967/68 zu Derby County in die zweite Liga. Auch bei den *Rams* ging es nach der Ankunft der beiden nur noch in eine Richtung: In der zweiten Saison gelang der souveräne Aufstieg in die erste Liga. Ein Triumph, der eng mit den Verpflichtungen von Spielern wie John McGovern und Roy McFarland verbunden war, welche beide von Taylor entdeckt wurden. Als Aufsteiger gelang in der Premierensaison mit Platz vier und der damit verbundenen Berechtigung zur Teilnahme am europäischen Fußball der nächste Coup. Aufgrund der finanziellen Situation des Ver-

---

33 HP, 2023

eins konnte der Verein jedoch nicht teilnehmen. Das sollte sich ändern: 1971/72 wurde man Meister der ersten englischen Liga – ein historischer Erfolg. Und gleichbedeutend mit der Qualifikation für den Europapokal der Landesmeister, in welchem man 1973 erst im Halbfinale gegen den italienischen Primus Juventus Turin ausschied. Vor der darauffolgenden Saison überwarf sich der zur Selbstherrlichkeit neigende Clough mit der Vereinsführung und verließ Derby County. Daraufhin akzeptierte das Trainer-Duo ein Angebot des damaligen Drittligisten Brighton & Hove Albion. Gemeinsam sollten sie die *Seagulls* aus der Bedeutungslosigkeit des englischen Fußballs holen. Eine Nummer zu klein für den sprunghaften Clough: Kurz vor Saisonbeginn entschied er sich um, unterschrieb einen Vertrag bei Leeds United und wurde Nachfolger von Don Revie, der zum Nationaltrainer Englands wurde. Ohne seinen ewigen Assistenten Peter Taylor, der am Job bei Brighton festhielt, blieb der Erfolg bei Leeds aus. Die Zeit bei Leeds war durchsät von internen Streitereien, Intrigen, Selbstsabotage, persönlichen wie sportlichen Niederlagen und fand nach nur 44 Tagen ihr jähes Ende. Nur ein Sieg aus den ersten sechs Spielen war gleichbedeutend mit dem Rauswurf beim amtierenden Meister der First Division. Zwar kann man sportliche Miseren in den wenigsten Fällen an einzelnen Personen festmachen, Cloughs charakterliche Engstirnigkeit und fehlende Flexibilität leisteten jedoch ihren Beitrag zum Ende bei Leeds. Damals ahnte vermutlich niemand, dass Clough nur wenige Jahre später ein Kunststück gelingen sollte, das bis heute kein englisches Team wiederholt hat ...

Sportliche Höhen mit Nottingham

Nach einem Jahr sportlicher Auszeit entschied sich Clough, bei Nottingham Forest anzuheuern, die gerade mit Mittelmaß der zweiten Liga dümpelten. In seiner ersten Saison führte er die *Tricky Trees* auf einen soliden achten Platz, ehe in der Sommerpause ein alter Vertrauter als Assistent dazu stieß, der als alleiniger Cheftrainer die Erwartungen bei Brighton nicht erfüllen konnte: Peter Taylor. Kaum waren die beiden an der Seitenlinie wiedervereint, lief es: In der Saison 1976/77 stieg man in die First

Division auf, nur um in der Debütsaison der höchsten englischen Spielklasse direkt Meister und Pokalsieger zu werden. Gleichbedeutend mit der Qualifikation für den Europapokal der Landesmeister, in dem man ab der Saison 1978/79 antrat - mit Erfolg. Nachdem Nottingham in der Vorrunde souverän gegen den FC Liverpool und AEK Athen gewann, wartete im Halbfinale mit dem 1. FC Köln der (west-)deutsche Teilnehmer. Nach einem ereignisreichen 3:3 im Hinspiel rechnete man für das Rückspiel im Müngersdorfer Stadion von Köln mit einem Weiterkommen des *Effzeh*. Chance über Chance erspielten sich die Rheinländer, nur um immer wieder am bärenstarken Peter Shilton im Tor von Nottingham zu scheitern und nach einem Kopfballtor in der 65. Minute ins Hintertreffen zu geraten. Die Führung ließ sich Forest nicht mehr nehmen, sodass die Engländer im Finale am 30. Mai 1979 auf den schwedischen Club Malmö FF trafen. Man ging zwar als Favorit ins Endspiel, konnte sich jedoch in der ersten Halbzeit über weite Strecken keine großen Chancen herausspielen - bis man in der 45. Minute durch ein Kopfballtor von Trevor Francis in Führung ging.

Kurios: Nach seinem akrobatischen Treffer musste sich der Torschütze abrollen, wobei er in die direkt neben dem Tor befindliche Kugelstoßanlage fiel. Das würde es so heute vermutlich nicht mehr geben. Nach einer recht ereignisarmen zweiten Hälfte war der Triumph perfekt und Nottingham an Europas Spitze angekommen. In der heimischen Liga beendete man die Saison auf dem zweiten Platz und freute sich auf die erneute Teilnahme am Europapokal, welcher in der Folgesaison 1979/80 ein erstes großen Kräftemessen im Viertelfinale parat hielt, als man auf den DDR-Club BFC Dynamo traf. Nach einer „0:1"-Niederlage im Hinspiel gelang das Weiterkommen nur dank eines knappen 3:1 im Rückspiel - vor den Augen des Stasi-Chefs Erich Mielke, seines Zeichens bekennender Anhänger vom BFC. Im Halbfinale setzte man sich souverän gegen Ajax Amsterdam durch, sodass man nur eine Saison nach dem größten Erfolg der bisherigen Vereinsgeschichte erneut im Finale des Europapokals der Landesmeister stand. Im Estadio Santiago Bernabéu von Madrid traf man auf den Hamburger SV um Horst Hrubesch und Felix Magath, die als leichte Favoriten ins Endspiel gingen. Es folgte ein dominantes Spiel der Hamburger, in dem Nottinghams Keeper Peter Shilton wieder einmal zu Bestleistungen auflief und die Führung mit mehreren Glanzparaden festhielt, nachdem John Robertson in der 20. Minute das eher schmeichelhafte 1:0 für Nottingham erzielte.

Forest kürte sich zum zweiten Mal in Folge zum König von Europa. Gewohnt großspurig, wenn auch mit einem charmanten Grinsen, gab sich auch Brian Clough nach der Titelverteidigung: „Wenn du etwas einmal gewinnst, sagen die Leute, es war nur Glück. Wenn du etwas zweimal gewinnst, halten sie endlich ihre ..."[34]

Er sollte recht behalten: Bis heute ist es keinem englischen Verein mehr gelungen, den Titel im Europapokal der Landesmeister oder dem Nachfolger, der Champions League, zu verteidigen. Aber auch Clough und Taylor konnten in der verbleibenden Zeit bei Nottingham nicht mehr an vergangene Erfolge anknüpfen, sodass sie den Club 1993 verließen und in den wohlverdienten Trainerruhestand gingen.

Einer der größten Briten aller Zeiten – oder?

Wenn man heute nach den größten englischen Trainern aller Zeiten fragt, wird Brian Clough vermutlich nur bei Anhängern von Nottingham direkt an erster Stelle genannt werden. Da ist einerseits seine charmante, humorvolle wie gedankenschnelle Art und andererseits das exzentrische, bisweilen arrogante und überhebliche Auftreten. Beides machte ihn zu dem, was er war: eine extrem polarisierende Trainerpersönlichkeit. Unumstritten bleibt jedoch sein sportlicher Erfolg. Am Ende stehen zwei Titel im Europapokal der Landesmeister, ein UEFA Super Cup, zwei Meisterschaften, vier Pokalsiege und ein Sieg im englischen Supercup. Nach seinem Tod im Jahr 2004 wurde die A52, die Derby und Nottingham miteinander verbindet, zum *Brian Clough Way* umbenannt und in Duellen zwischen Derby County und Nottingham Forest wird traditionell um die

---

34 Finley Crebolder [FC], 2023

Brian Clough Trophy gespielt. Zusätzlich ernannte ihn die Queen 2001 zum Officer of British Empire.

Bis heute wird er als der beste Trainer, den England nie hatte, bezeichnet – abschließen möchten wir dieses Kapitel mit einem kurzen Zitat von Clough, woran es seiner Meinung lag, dass er nie zum Nationaltrainer wurde: „Ich bin mir sicher, dass die englischen Verantwortlichen dachten, wenn sie mir den Job geben, würde ich den Laden komplett umkrempeln wollen. Das war klug von ihnen, denn genau das hätte ich auch getan."[35]

SIR ALEX FERGUSON: FOOTBALL, BLOODY HELL!

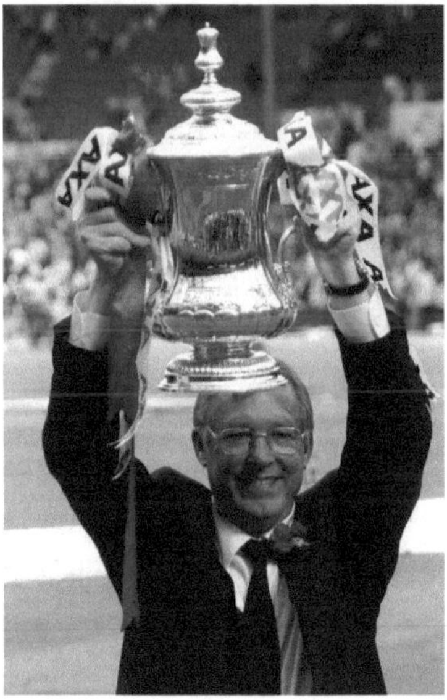

Viele Kinder, die bereits in jungen Jahren mit dem Fußballspielen beginnen, träumen davon, irgendwann einmal für ihren Lieblingsverein auflaufen zu können. Nur einem kleinen Prozentsatz dieser Kinder ist das sportliche Talent in die Wiege gelegt und wird das nötige Glück zuteil, dass dieser Traum in Erfüllung geht. Und dann gibt es da noch die Menschen, bei denen man das Gefühl nicht loswird, dass ihnen das Glück augenscheinlich einfach so vor die Füße fällt. Dass Glück aber oftmals mehr harte Arbeit als Schicksal ist, beweist ein Schotte: Alexander Chapman „Alex" Ferguson.

[35] FC, 2023

Kindheit und Spielerkarriere

Als Kind eines katholischen Werftarbeiters und einer Protestantin am 31.12.1941 geboren, wuchs Alex Ferguson in Govan auf, einem kleinen Distrikt der schottischen Hafenstadt Glasgow. Da sich die Mutter Elizabeth größtenteils um die Erziehung von Alex und seinen Geschwistern kümmerte, war auch er protestantisch - im katholisch geprägten Schottland der damaligen Zeit war das durchaus relevant. Religion schaffte Zugehörigkeit und Abgrenzung. Die Gegend war rau, Gewalt stand auf der Tagesordnung. So lernte der kleine Alex frühzeitig, dass Verschlagenheit mitunter besser weiterhilft als Freundlichkeit. Eine weitere Erfahrung, die sich auch auf seine Spieler- und Trainerkarrieren auswirken sollte. Nach seiner aktiven Schulzeit begann Ferguson eine Ausbildung zum Werkzeugmacher, träumte aber weiterhin von einer Karriere als Fußballprofi. Sie sollte ihm gelingen: Mit gerade einmal 16 Jahren debütierte er beim damaligen Zweitligisten Queen´s Park FC. Nach drei Jahren wechselte er zum Ligakonkurrenten St. Johnston, im Alter von 23 Jahren ging es weiter zu Dunfermline in die erste schottische Liga. Der Traum war erreicht: zumindest teilweise.

In der Saison 1965/66 folgte der finale Durchbruch: Mit 45 Toren in 51 Spielen wurde er Torschützenkönig der Liga, Nationalspieler Schottlands und spielte sich in den Fokus seines Lieblingsvereins: Glasgow Rangers. Sein Heimatverein machte ihn prompt zum damaligen Rekordtransfer und erfüllte Fergusons Kindheitstraum - mit gerade einmal 26 Jahren. Doch bei Glasgow wurde er nicht glücklich. Zunächst kam er nur sporadisch zum Einsatz, später folgten Streitigkeiten mit dem Trainerteam. Am Ende siegte sein Temperament über sein Talent, weshalb Ferguson die Rangers verlassen musste und seine aktive Karriere in den Folgejahren bis 1974 bei Falkirk und Ayr United ausklingen ließ. Am Ende standen 170 Ligatore und drei Treffer für die Nationalmannschaft zu Buche. Ungewiss, wie es nun weitergehen sollte, ging er einen Schritt, den man ohne Zweifel ebenfalls als einen der schottischen Träume schlechthin bezeichnen kann: Er eröffnete seinen eigenen Pub in Glasgow. Das

Fergie´s. Auch wenn die Zeit als Wirt nur kurz wehren sollte, war sie für Ferguson prägend: „In den Pubs lernte ich sehr viel über Menschen, ihre Träume, ihre Wünsche und ihre Frustrationen, und das half mir später, die Welt des Fußballs besser zu verstehen, auch wenn ich das damals noch nicht wissen konnte."[36]

Trainerkarriere in Schottland

Nach wenigen Monaten schloss er das Pub und heuerte zur Saison 1974/75 als Cheftrainer beim unterklassigen East Stirlingshire FC an – von Beginn an auf seine eigene Art. „Ich hatte nie zuvor in meinem Leben vor jemandem Angst, aber Ferguson war vom Start weg ein furchteinflößender Bastard"[37], sagte einer der nur acht registrierten Spieler, die unter ihm trainierten. Aufgrund der fehlenden Wettbewerbsfähigkeit wechselte er nur kurze Zeit später zum drittklassigen St. Mirren Football Club aus Paisley, den er innerhalb kürzester Zeit in die erste Liga führte. Sein Trainertalent blieb auch bei einem schottischen Schwergewicht nicht unbemerkt, sodass es ihn zur Saison 1978/79 zum Aberdeen FC zog. Was in den nächsten Jahren folgen sollte, zählt zu der erfolgreichsten Zeit des Clubs und war der Beginn einer der erfolgreichsten Trainerkarrieren aller Zeiten. Auf jeweils drei schottische Meisterschaften und Pokalsiege folgte 1983 der Höhepunkt in der Geschichte des Aberdeen FC: Der Gewinn des Europapokals der Pokalsieger. Im Finale schlug man das übermächtige Real Madrid mit 2:1 nach Verlängerung. Das überzeugte 1986 auch einen der traditionsreichsten Vereine Englands: Manchester United.

Holpriger Start bei Manchester United

Als er in der englischen Industriestadt ankam, traf Ferguson auf einen Verein, der zwar jede Menge Geschichte mit sich brachte, in den 1980ern

---

36 Unbekannt, 2014

37 ebd.

jedoch eher unter der Last eben dieser zusammenzubrechen drohte. Die Vorsaison wurde noch auf einem passablen vierten Platz beendet, als er jedoch im November - mitten in der Saison 1986/97 - sein Amt antrat, hingen die Red Devils mitten im Abstiegskampf. Die Saison beendete er im gesicherten Tabellenmittelfeld auf Platz 11, ehe Ferguson in der Sommerpause zur Generalüberholung ansetzte - im Gegensatz zum deutschen Modell ist der englische Manager bei seinem Verein nicht nur für Trainingseinheiten, Taktik und Spielführung verantwortlich, sondern kümmert sich zusätzlich um allerhand Belange außerhalb des Platzes. Und genau da lag das Problem von United: Die Infrastruktur des Vereins war völlig heruntergewirtschaftet. Veraltete Trainingsgelände und -gebäude, ein eingerostetes Management, rundum unprofessionelle Prozesse und Abläufe. Ferguson räumte damit auf; ließ das Trainingsgelände renovieren, installierte erfahrene Mitarbeitende und modernisierte den Verein. Mit Erfolg: In der ersten vollen Saison unter Ferguson wurde United Vizemeister, spielte teils begeisternden Fußball. Die Folgesaisons 1988/89 und 1989/90 waren jedoch eher ein Rückschritt. Verletztungsbedingte Ausfälle und fehlende Ideen gegen vermehrt tiefstehende Gegner ließen erste Stimmen und Gerüchte laut werden, die eine Entlassung Fergusons forderten. Fergusons Antwort: Der Sieg des englischen Pokals 1990. Die mediale Kritik an ihm nahm ab und nur die kühnsten Optimisten sollten ahnen, welche Erfolgsgeschichte in den nächsten Jahren geschrieben werden würde.

Der Weg zum Titelhamster

Der nächste Titel ließ nicht lange auf sich warten: 1991 gewann United den Europapokal der Pokalsieger gegen den FC Barcelona. Mit den Verpflichtungen von späteren (Super-) Stars wie Peter Schmeichel, Lee Sharpe oder Eric Cantona legte Ferguson zu dieser Zeit den Grundstein für Jahrzehnte der Dominanz im englischen und europäischen Fußball. Parallel zu neuen Spielern floss viel Kapital in die Vereinsinfrastruktur, den Trainerstab, die Jugendabteilung und das Scouting, Investitionen, die sich wenige Jahre später auszahlen sollten. Die erste Meisterschaft gewannen die Red Devils in der Saison 1992/93; im Folgejahr gelang die Titelverteidigung. Der Doppelschlag gelang in den Saisons 1995/96 und 1996/97 erneut, ehe 1998/99 die letzte Meisterschaft des Jahrtausends ihren Weg ins Old Trafford fand. Parallel dazu stehen drei Erfolge im FA-Cup zu Buche, ebenso wie der Sieg der Champions League 1998/99, was das *„Treble"* aus Pokal, Champions League und Meisterschaft bedeutete - zum ersten Mal in der englischen Fußballgeschichte. Für die mittlerweile erfolgsverwöhnten United-Fans sollte auch das neue Jahrtausend mit zahlreichen Glücksmomenten fortgeführt werden. Mit Spielern wie Ryan Giggs, Paul Scholes, Cristiano Ronaldo und Wayne Rooney holte man bis zum Ende der Amtszeit von Ferguson am Ende der Saison 2012/13 noch weitere sieben Meisterschaften, einen FA-Cup und einen Titel in der Champions-League. Die letzte Meisterschaft unter ihm, gewonnen in der Saison 2012/13, war der 20. Ligaerfolg - bis heute Rekord.

Class of 92

Ein Jahrgang zeigte den Erfolg der von Ferguson professionalisierten Scouting-Abteilung ganz besonders: Die *Class of 92*, benannt nach dem Jahr, in dem die Jugendmannschaft des Vereins den englischen Jugendpokal gewann. Insgesamt etablierten sich sechs der beteiligten Jugendspieler im Laufe der 1990er in der Profimannschaft: David Beckham, Nicky Butt, Phil und Gary Neville, Ryan Giggs und Paul Scholes. Sie alle wurden zu Stammspielern, Stars und Erfolgsgaranten unter Ferguson. Insbesondere Beckham, Giggs und Scholes zählen noch heute zu den besten Spielern in der Geschichte des englischen Fußballs und halten diverse Rekorde. Der Waliser Giggs ist bis heute der beste Vorlagengeber der Ligageschichte; Scholes und Beckham leiteten über Jahre die Geschicke im Mittelfeld der englischen Nationalmannschaft und wurden auch über den Fußball hinaus bekannt. Sechs Freunde, die gemeinsam aus der Jugend zu den Profis kamen, den Fußball dominierten, Erfolge feierten und auch Jahre später noch eng miteinander verbunden sind, einzigartig im Fußball.

Fergie Time

26. Mai 1999, Barcelona. Im Finale der Champions League trafen der FC Bayern München und Manchester United aufeinander und sorgten für eines der denkwürdigsten Endspiele überhaupt. Bereits in der 6. Minute gingen die Mannen aus München durch ein direktes Freistoßtor von Mario Basler in Führung. Die Zeichen für die Bayern standen gut: Im weiteren Spielverlauf hatten die Bayern Oberhand und es fehlte nur das entscheidende Quäntchen Glück zum Ausbau der Führung. Außerdem fehlten bei United die gelbgesperrten Mittelfeldmotoren Roy Keane und Paul Scholes. Aber wie so oft sollte es anders kommen. Und für einen war das klar: Als die Bayern in der 86. Minute in Persona Memeth Scholl den Pfosten trafen, war sich United-Keeper Peter Schmeichel sicher, dass sie das Spiel noch drehen würden.[38] Kurze Zeit später wurden Gedanken zu Taten. In der ersten Minute der Minute der Nachspielzeit fiel der Ausgleich durch Teddy Sheringham nach einer Ecke von David Beckham, nur 91 Sekunden später bescherte Ole Gunnar Solskjaer den Führungstreffer – ebenfalls nach einer Ecke von Beckham.

United ist unter Ferguson immer wieder dafür bekannt gewesen, dass man bis zum Abpfiff unermüdlich an den Sieg glaubte und das Glück erzwingen wollte. Das zeigte sich in kaum einem Spiel so eindrücklich wie in dem Champions League Finale gegen den FC Bayern München. Kontrahenten sprachen von dem United-Bonus, in englischen Zeitungen wurde die Nachspielzeit zur *Fergie Time* getauft.

Titelhamster mit Temperament

Neben 13 englischen Meisterschaften, fünf Pokalsiegen, jeweils zwei Triumphen in der Champions League sowie dem Europapokal der Pokalsieger und dem Rittertitel, den ihn Queen Elizabeth II nach dem Champions

---

38 Dirk Gieselmann/Tim Jürgens [DG/TJ], 2012

League Triumph gegen die Bayern verlieh, bleiben von Sir Alex Ferguson einige besondere Anekdoten.

Zum Beispiel das legendäre *Battle of the Buffet*. Während seiner Karriere erlebte Ferguson immer wieder einige Rivalitäten, aber wohl keine so ausgeprägt wie zu Arsène Wenger, dem damals amtierenden Trainer von Arsenal London. Nach einem Duell zwischen den beiden Teams kam es im Kabinentrakt zum Eklat. Aus einem Wortgefecht wurde eine Handgreiflichkeit, an deren Ende ein Stück Pizza im Gesicht von Sir Alex landete. Bis heute ist nicht ganz klar, wer das Stück warf. Trotz der Streitereien hatte Ferguson Respekt für sein Gegenüber: Nach seinem Karriereende 2013 sagte Fergie, dass das von Wenger trainierte Arsenal Ende der 1990er und Anfang der 2000er der einzige Herausforderer für Manchester United gewesen sei.

Von ehemaligen Spielern wird Ferguson immer wieder als Vaterfigur charakterisiert. Eine Geschichte steht hierfür sinnbildlich. Als Ryan Giggs zu Beginn seiner Profikarriere den Sport eher in den Hintergrund stellte und sich mehr auf Partys herumtrieb, war es Sir Alex höchstpersönlich, der ihn von einer Hausparty „abholte". Er klingelte höflich, erkundigte sich nach Giggs und bat den Gastgeber wie selbstverständlich, seinen Zögling an die Tür zu holen. Ungläubig kam dieser zur Tür, wo ihm sein Lachen schnell verging, als Ferguson ihm ruhig und völlig gelassen anbot, ihn nach Hause zu fahren. Perplex nahm Giggs das Angebot an – und galt ab jenem Zeitpunkt als einer der professionellsten Spieler im gesamten Kader von United. Wie viel so eine kleine Taxifahrt doch bewirken kann.

Geprägt von seiner Jugend in einem gewaltbereiten Umfeld war Ferguson kein Kind von Traurigkeit. Geradezu legendär sind seine Tobsuchtsanfälle, in die er regelmäßig verfiel, wenn ihm etwas nicht passte. Einer dieser Anfälle schlug jedoch größere Wellen und führte zu einer blutigen Stirn bei einem seiner Zöglinge: *The Boot Incident*. Angefressen von der schlechten Leistung seiner Spieler in einem Duell gegen Arsenal London im April 2003 ging Ferguson fluchend in die Kabine und trat vor lauter Wut gegen einen umherstehenden Fußballschuh. Dieser traf David Beckham unglücklich an der Stirn, nur knapp über dem linken Auge. Die resultierende Platzwunde musste anschließend mit dreizehn Stichen genäht werden. Berichten zufolge war das Verhältnis zwischen den beiden nach dem Vorfall derart zerrüttet, dass Beckham im Sommer 2003 das Weite suchte und zu Real Madrid wechselte. Da kann man - wie Ferguson nach dem gewonnenen Champions League Finale gegen den FC Bayern München - nur eines sagen: Football, bloody hell!

SILVIA NEID – DAS ERSTE AUSHÄNGESCHILD DES DEUTSCHEN FRAUENFUSSBALLS

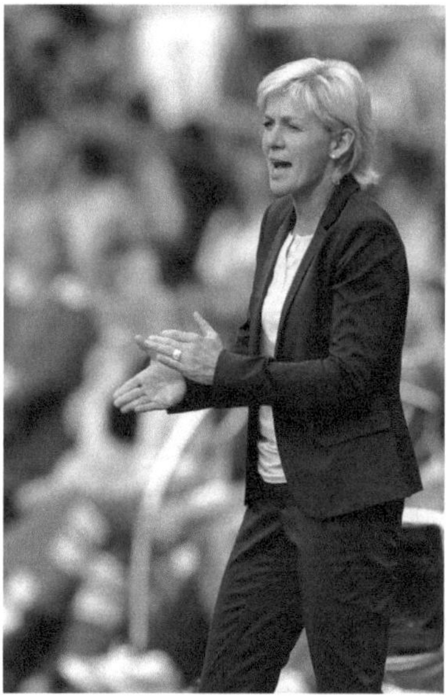

In den vergangenen Jahren hat sich der Frauenfußball qualitativ rasant weiterentwickelt und findet vollkommen zu Recht weltweit mehr Beachtung. Und auch abseits des Grüns finden ehemalige Fußballerinnen ihren Platz als TV-Expertin oder als Gast in einer Fußball-Talkshow. Debatten um Gehaltsfragen, Equal Pay sowie die Strukturen des Frauenfußballs werden ebenfalls intensiv geführt. Eine Protagonistin und Wegbereiterin für die Entwicklung des deutschen Fußballs ist hier zweifellos die ehemalige Nationalspielerin sowie Nationaltrainerin Silvia Neid.

Bereits als Spielerin zeigte Neid ihre Extraklasse, wurde mit der SSG 09 Bergisch Gladbach in den 1980er-Jahren sowohl deutsche Meisterin als auch Pokalsiegerin. Zudem legte sie eine beachtliche Karriere in der deutschen Nationalmannschaft hin und lief in 111 Länderspielen für Deutschland auf. So entwickelte sich Neid während ihrer Spielerkarriere zum wohl ersten richtigen Aushängeschild des deutschen Frauenfußballs. Wahrlich märchenhaft sollte dann die anschließende Trainerkarriere verlaufen.

Nach der Spielerkarriere entschied sich Neid für die Fortsetzung ihrer Laufbahn auf der Trainerbank. Dafür arbeitete sie zunächst als Assistentin der Bundestrainerin Tina Theune-Meyer und sammelte während dieser Zeit nicht nur Erfahrung, sondern auch Titel. Schließlich gehörte die deutsche Nationalmannschaft schon damals zu den erfolgreichsten Nationen weltweit.[39]

Im Jahr 2005 übernahm Neid dann schließlich nach der Europameisterschaft den Chefposten und sollte bis 2016 eine Ära prägen. Während ihrer Amtszeit gelangen ihr mit der Nationalmannschaft ganze sechs Titel. Darüber hinaus wurde Neid dreimal zur FIFA-Welttrainerin des Jahres gewählt und in die Hall of Fame des deutschen Fußballs aufgenommen. Die Erfolge während ihrer Amtszeit waren letztlich mit großer Wahrscheinlichkeit einer der Gründe, warum sich in Deutschland fortan immer mehr Jugendliche für den Fußball interessierten. Die positive Entwicklung des Frauenfußballs hierzulande ist somit eng mit Silvia Neid verbunden.

Die Ursache für ihren Erfolg als Trainerin lag letztlich in fünf Säulen begründet. Diese bestanden aus Geschlossenheit und Teamgeist, gegenseitigem Respekt, der Fitness der Spielerinnen, einer akribischen Gegneranalyse sowie Durchsetzungsstärke und Autorität. An diesen Grundelementen hat Neid stets hart gearbeitet und sich an diesen messen lassen, der Erfolg gibt ihr recht. Besonders die Kommunikation und Autorität, die Neid vermittelte, machte bei den Spielerinnen Eindruck. Neulinge im Team mussten sie zunächst siezen und auch Ansprachen waren laut der

---

39 Markus Völker [MV], 2007

Ex-Nationalspielerin Kerstin Garefrekes stets klar, deutlich und wurden umgehend vom Team bestmöglich umgesetzt.[40]

Im Jahr 2016 verabschiedete sich Neid nach einer großartigen und inspirierenden Karriere als Spielerin sowie Trainerin von der ganz großen Bühne. Natürlich standesgemäß mit einem großen Titel, der Goldmedaille bei den Olympischen Spielen in Rio de Janeiro. Seitdem ist sie in der Abteilung Scouting, Spielanalyse und Diagnostik im Hintergrund für den DFB tätig. Doch ihre großen Erfolge und Verdienste für den deutschen Frauenfußball wird niemand so schnell vergessen.

CARLO ANCELOTTI – DER STILLE ANFÜHRER

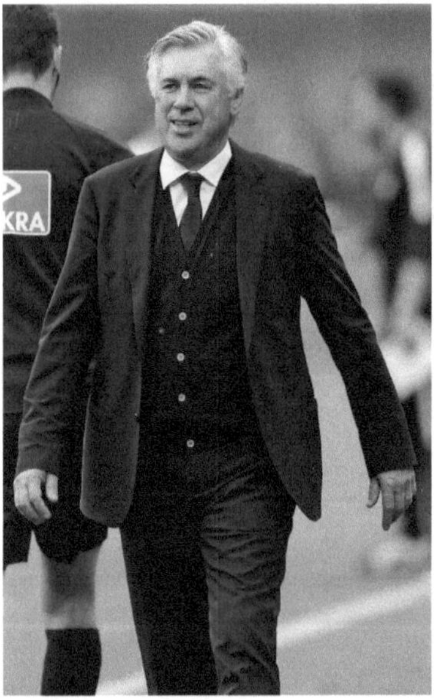

Er ist einer der erfolgreichsten Vereinstrainer aller Zeiten, konnte als einziger Coach in allen fünf europäischen Topligen den Titel gewinnen. Doch im Gegensatz zu vielen anderen Top-Trainern gilt Carlo Ancelotti nicht als der große Taktik-Philosoph. Im Gegensatz zu den Guardiolas oder Klopps dieser Welt steht er für keinen einmaligen Spielstil, seine Handschrift ist bei seinen Teams kaum zu erkennen. Der stille Italiener, dessen Gefühlswelt an der Seitenlinie oft nur die hochgezogene Augenbraue Ausdruck verleiht, ist vor allem ein Anführer, der aus seinen individuell

40 MV, 2007

meist herausragenden Spielern eine eingeschworene Einheit bildet und es wie kein anderer versteht, bei Stars und Rotationsspielern zugleich für gute Stimmung zu sorgen.

Schon als Spieler erfolgreich

Als Sohn eines Milch- und Käsebauers wurde Ancelotti am 10. Juni 1959 in Reggiolo, Norditalien, geboren. Seine Spielerkarriere begann der Mittelfeldmann unweit von seinem Geburtsort entfernt in Parma. Schon als Teenager debütierte er für den damaligen Drittligisten und war maßgeblich am Aufstieg in die zweitklassige Serie B beteiligt. Der junge Ancelotti wurde dabei meist direkt hinter den Spitzen eingesetzt und generierte für sein junges Alter schon eine beachtliche Torgefahr. Kurz nach seinem 20. Geburtstag zog es Carlo dann in die Hauptstadt zum Topclub AS Rom. Auf Anhieb entwickelte er sich auch in der höchsten Spielklasse zum Stammspieler; folgerichtig wurde er 1981 das erste Mal für die Nationalmannschaft Italiens nominiert. Mit der Roma konnte er derweil seine ersten Titel feiern, zu vier Pokalsiegen gesellte sich die Meisterschaft 1983. Zwei Jahre später schlüpfte er dann das erste Mal in eine Führungsrolle, wurde von Trainer Sven-Göran Eriksson zum Kapitän seiner Mannschaft ernannt. 1987 ging es für Ancelotti dann weiter zu einem der größten Vereine der Welt, der AC Mailand. Dort traf er das erste Mal auf seinen Trainer und Mentor Arrigo Sacchi, unter dem er in einer mit Stars gespickten Mannschaft nun aus einer etwas tieferen Position im Mittefeld das Spiel ordnete.

In Mailand machte der Titelhamster weiter wie gewohnt, 1988 konnte er einen weiteren Meistertitel für seine Farben ergattern. Auch international wussten Milan und Ancelotti zu überzeugen, nach einer Galavorstellung gegen Real Madrid, bei der „Don Carlo" ein Traumtor zum „5:0"-Sieg beisteuerte, standen die Italiener im Finale des Europapokals der Landesmeister. Im Finale ließ man Steaua Bukarest keine Chance, mit einem 4:0 konnte Ancelotti seinen ersten internationalen Erfolg feiern – es sollte nicht der letzte bleiben. Nur ein Jahr später gewann er, da schon von anhaltenden Knieproblemen geplagt, das zweite Mal den Europapokal und stand bei der Heim-WM im Kader der Squadra Azzura. Zwei Jahre später beendete Carlo Ancelotti nach einer Meisterschaft ohne eine einzige Niederlage, aufgrund anhaltender Knieprobleme, seine Karriere.

Einstieg in den Trainerjob

Direkt nach seinem Karriereende wurde Ancelotti wieder mit seinem Förderer Sacchi vereint, der Milan ein Jahr zuvor verließ, um Nationaltrainer Italiens zu werden. Dieser holte ihn als Co-Trainer in seinen Stab, gemeinsam konnten sie das Finale der Weltmeisterschaft 1994 erreichen. 1995 war es für Ancelotti dann an der Zeit, seinen eigenen Weg zu gehen, er übernahm das Traineramt beim frisch abgestiegenen Zweitligisten Reggiana. Noch ohne die notwendige Trainerlizenz und ohne Erfahrung als Cheftrainer verlief der Start schleppend, nach sieben Spielen stand Reggiana auf dem letzten Tabellenplatz. Doch Ancelotti lernte im Job, entwickelte sich vor allem als Kommunikator und Anführer rasend schnell. So legte er schon von Beginn an großen Wert darauf, wirklich jeden Spieler mit ins Boot zu holen und so eine positive Grundstimmung zu schaffen. Am Ende stand dann der Aufstieg in die Serie A, für Ancelotti ging es jedoch sofort weiter nach oben. Sein Jugendclub Parma, der sich mittlerweile als einer der führenden Vereine Italiens etabliert hat, holte ihn zurück in die Heimat. Dort übernahm er ein Team voller beeindruckender Talente wie Gianluigi Buffon, Fabio Cannavaro und Hernan Crespo. Gleich seine erste Saison in der italienischen Spitzenklasse beendete Trainer Ancelotti mit einem starken zweiten Platz und der Qualifikation für die Champions League. Dabei setzte er auf ein stark von Sacchi inspiriertes 4-4-2, lehnte sogar einen Transfer des Spielmachers Roberto Baggio ab, da dieser nicht in die von ihm präferierte Formation passte. Nachdem die zweite Saison in Parma mit einem ernüchternden 6. Platz endete, wurde Ancelotti zum ersten Mal in seiner noch jungen Karriere entlassen. Nach einem kurzen Flirt mit Fenerbahce Istanbul kam er im Februar 1999 schließlich bei Juventus Turin unter. Die Umstellung vom familiären Parma zum wie ein Unternehmen geführten Juventus, sei schwer gewesen, erinnert sich Ancelotti. Dazu kam der Hass der Fans der alten Dame, die ihm seine Vergangenheit in Rom und Mailand übelnahmen. Oft verließ er nur mit Polizeieskorte das Haus, beim Verlassen des Trainingsgeländes wurde er von den eigenen Fans angefeindet. Trotzdem blieb Ancelotti über zwei Jahre lang in Turin, nach zwei zweiten Plätzen wurde er 2001 bei der alten Dame entlassen.

Ancelotti, der Top-Trainer

Während er in Parma noch stur an seinem 4-4-2 festhielt, zeigte sich in Turin das erste Mal eine der großen Qualitäten des Trainers Ancelotti: seine Flexibilität. Mit Zinedine Zidane hatte er einen kreativen Spielmacher im Kader, der für Mannschaft und Verein unverzichtbar war, somit musste er von seiner bevorzugten Formation abweichen. Bei Juventus ließ er zumeist im 3-5-2 auflaufen, mit Zidane als klarer Nummer 10. Wo immer er später hinging, zeigte Ancelotti eine beeindruckende Fähigkeit, sich anzupassen. So nutzte er beim AC Mailand ein 4-4-2 mit einer Raute im Mittelfeld, in Paris ließ er im 4-3-3 spielen, bei seiner ersten Amtszeit in Madrid lief seine Mannschaft im 4-2-3-1 auf. Später in Neapel organisierte er das Team von einem pressingintensiven 4-3-3 in ein offensives 4-4-2 um, eine Formation die er so ähnlich auch in Everton spielen ließ, im Ballbesitz wurde aus der Abwehr dort allerdings eine Dreierkette.[41] Zurück bei Real Madrid ließ er zuerst im 4-3-3 auflaufen, um zur Spielzeit 23/24 auf ein 4-4-2 mit Raute umzustellen, um den Verlust des einzigen klassischen Mittelstürmers Karim Benzema zu kompensieren. Bei seinen wie bei Top-Clubs meist üblichen kurzen Amtszeiten, von ihm selbst als Leadership Arcs bezeichnet, kam ihm diese Fähigkeit zugute, da meist die Zeit fehlte, einen Kader nach seinem Gusto aufzubauen.

Seine längste und erfolgreichste Amtszeit hatte Ancelotti ab 2001 bei seiner alten Liebe, der AC Mailand. Bei dem Verein, den er selbst überschwänglich als Familie bezeichnet, blieb er acht Jahre lang; er konnte

---

41 The Coaches' Voice, unbekannt

einmal die Serie A sowie zweimal die Champions League gewinnen. Bei der auch in der Breite erstklassig besetzten Mannschaft Milans musste Ancelotti seine gesamte Führungsstärke unter Beweis stellen, um auch Weltklasse-Akteuren klar zu machen, wieso sie nicht jedes Spiel von Anfang an absolvieren dürfen. Dabei profitierte er von seiner warmherzigen und bescheidenen Art, die große Spieler wie Cristiano Ronaldo und Zlatan Ibrahimović noch Jahre nach ihrer gemeinsamen Zeit in höchsten Tönen loben. „Niemand wird wütend auf ihn, auch wenn sie nicht spielen, denn er ist nicht nur dein Trainer, er ist dein Freund. Er behandelt jeden gleich. Du hast das Gefühl, es ist nur mit dir so, weil es so großartig ist, so persönlich, aber er ist zu jedem so. Er ist unglaublich"[42], sagt Schwede Ibrahimović, der oft seine Probleme mit Trainern hatte, über den „besten Trainer aller Zeiten."

Reise durch Europa

Nach acht Jahren beendete Ancelotti seine Zeit in Mailand und zog das erste Mal ins Ausland, zum Londoner Club Chelsea FC. Gleich in seiner ersten Saison in England gewann er die Premier League, nach einem zweiten Platz in der Folgesaison endete die Zeit in London wieder. Danach ging es in seine dritte Topliga nach Frankreich, wo er das neureiche Paris Saint Germain übernahm. In seiner ersten kompletten Saison in Paris gewann er mal wieder die Meisterschaft, danach folgte er dem königlichen Lockruf aus Spanien. In seiner ersten Amtszeit in Madrid blieb ihm der Ligatitel ausnahmsweise verwehrt, jedoch konnte er zum dritten Mal als Trainer die Champions League gewinnen. Nach einem Ausgleich in letzter Minute durch Sergio Ramos besiegten die Madrilenen Stadtrivale Atletico in der Verlängerung mit 4:1 und krönten sich zu den Königen Europas. Nach zwei Jahren endete auch die Zeit in Spanien. Nach einem Jahr Pause kehrte Ancelotti 2016 zurück ins Rampenlicht, als er den deutschen Ligaprimus FC Bayern München von Pep Guardiola übernahm. Auch wenn er gleich in seiner ersten Saison auch in der vierten Top-Liga

[42] Carlo Ancelotti [CA], 2016

den Meistertitel gewinnen konnte, war Ancelottis Zeit in München von kurzer Dauer, schon in der Hinserie der Folgesaison wurde er entlassen. Dabei gab es zum ersten Mal in seiner großen Karriere Gerüchte, der Trainer hätte die Kabine verloren. Nach einem kurzen Abstecher zurück nach Italien zum SSC Neapel übernahm Ancelotti 2019 den verhältnismäßig kleinen FC Everton. Einer herausragenden Hinrunde, die auf dem 4. Platz endete, folgte eine durchwachsene Rückserie, Everton beendete die Saison als Zehnter. 2021, nach dem Rücktritt seines ehemaligen Schützlings und Co-Trainers Zinedine Zidane, ging es für Ancelotti dann zurück zu Real Madrid. Mit der mit Stars gespickten Mannschaft Reals konnte er erneut seine großen Qualitäten als Menschenfänger und Führungskraft zeigen. Sofort setzte der Erfolg in Madrid ein und in einer beeindruckenden Saison konnte er mit den Spaniern nicht nur seine vierte Champions League als Trainer, sondern auch die Meisterschaft in seiner fünften Top-Liga gewinnen. Mit diesen beiden Rekorden zementierte sich der Italiener endgültig als einer der besten Trainer in der Historie des Fußballs.

Um es mit den Worten von David Beckham zu sagen: „Ich denke er ist ein Trainer, unter dem zu spielen jeder Spieler lieben würde."[43]

MARCELO BIELSA – DAS VERRÜCKTE GENIE

> *„Er beeinflusst Spieler und das gesamte Spiel. Darum ist er der beste Trainer der Welt. Wer ein Trainer werden will, muss vorher mit ihm geredet haben." (Pep Guardiola über Marcelo Bielsa)*

Diese Worte von Pep Guardiola bieten einen ersten Eindruck, in welchem Licht Marcelo Bielsa zu betrachten ist. Der Argentinier gilt als Verfechter des schönen Spiels, als Genie, als Philosoph auf dem Platz und als vieles mehr. Vor allem ist er aber ein Vorbild, ein Vorbild für Welttrainer wie Pep

---

43 CA, 2016

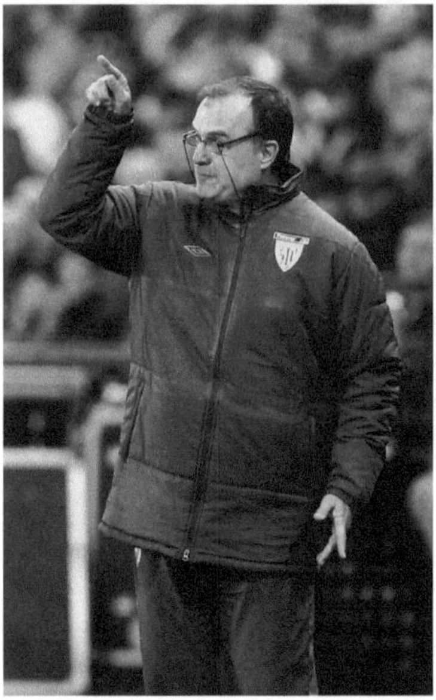

Guardiola oder Mauricio Pochettino. Beide verehren ihn und besonders Guardiola hat viel von Bielsa lernen können, als er ihn vor seiner Trainerkarriere beim FC Barcelona besucht hat. Aus einem geplanten kleinen Austausch wurden damals satte dreizehn Stunden feinste Taktikschulung.

Als Vorbild ist „das verrückte Genie" für Guardiola ungemein wichtig gewesen. Bielsa zeigte dem Katalanen, dass Taktik und offensiver Fußball sowie Individualität und Kollektiv sich nicht ausschließen müssen. Bielsa predigt ein ballbesitzorientiertes Positionsspiel mit schnellem Passspiel in die Spitze, das Dreiecksspiel sowie die Bedeutung der Raumaufteilung. All das sind Elemente, die Guardiola für sein Spiel übernahm und weiterentwickeln konnte. Bielsas Ziel ist es, das schöne Spiel am Leben zu erhalten.

> *„Wer schönen Fußball für das Ergebnis opfert, den sollte man meiner Meinung nach foltern. Die Ärmsten unter uns haben nur Fußball zur Entspannung. Ich würde es schrecklich finden, wenn wir ihnen nur Ergebnisse böten." (Marcelo Bielsa)*

Der Beginn der Fußballobsession

Bielsa strebte zunächst die eigene große Spielerkarriere an und hatte sie fest im Visier. Doch aus verschiedenen Gründen reichte es dafür am Ende nicht. Er sei zu langsam und kopfballschwach gewesen. Zudem galt Bielsa schon damals als Dickkopf und weigerte sich beispielsweise, auf sein Motorrad zu verzichten und somit Risiken aus dem Weg zu gehen.

Nachdem dieser Traum vorzeitig ausgeträumt war, wurde Bielsa Anfang der 80er-Jahre zum Jugendtrainer der Newell's Old Boys befördert. Eine Herzensangelegenheit, da es sich um seinen Lieblingsverein handelte. Entsprechend motiviert ging er zu Werke und lud an der Universität mehr als 3.000 Studenten zum Probetraining ein. Diese mussten unter ihm wie Profis trainieren, zum Leidwesen ihrer akademischen Ausbildung. Erstmals kam im Zuge dessen für Bielsa der Spitzname „El loco" zum Einsatz, das bedeutet so viel wie „der Verrückte".

In der Folge kamen bei Bielsa Zweifel auf, ob sein Klub wirklich alle Talente des Landes im Blick hat. Daher beförderte er sich selbst kurzerhand zum Chefscout, teilte mit seinem Assistenten Jorge Griffa die Landkarte in 70 Abschnitte ein und arrangierte in jedem Abschnitt Probetrainings. Und da Bielsa panische Flugangst hat, fuhr er all diese Abschnitte mit seinem legendären Fiat Punto nacheinander ab. Eine wahnsinnige Geschichte eines schon damals außergewöhnlichen Fußballenthusiasten.

Doch das war noch längst nicht alles, denn Bielsa konnte nicht genug von der schönsten Nebensache der Welt bekommen. Er wollte mehr, mehr Material von einer größeren Auswahl an Spielern von überall auf der Welt. Entsprechend stellte sich Bielsas Onkel in Spanien als praktisch heraus. Diesen beauftragte er, ihm Spiele aus Europa auf VHS-Kassetten aufzunehmen und nach Argentinien zu schicken. Bielsa wollte schlichtweg alle Facetten des Fußballs kennenlernen, analysieren und basierend auf seinen Erkenntnissen Trainingseinheiten entwerfen. Diese ganze Operation führte am Ende zu seiner bekannten Vermessung des Spiels sowie der Erkenntnis, dass er einem Spieler mit nur 120 verschiedenen Übungen alle Grundlagen beibringen kann.

Das sollte erst der Beginn einer außergewöhnlichen Beziehung zu seinem Klub sein. Den Klub, den er unter anderem deswegen zu unterstützen begann, da sein Vater Erzrivale Rosario Central anfeuerte. Bielsa ist eben aus Prinzip anders und wusste schon immer auf sich aufmerksam zu machen, unter anderem siezte er als Jugendtrainer die Kinder.[44]

Die ersten Schritte als Profitrainer

Im Jahr 1990 war es dann so weit: Bielsa wurde Profitrainer seines Vereins. Da er zuvor die zweite Mannschaft trainiert hatte und die Profispieler von seiner Taktiktafel kaum etwas entziffern konnten, waren sie zunächst misstrauisch und zweifelten an seiner Eignung.

Inspiriert von Rinus Michels und dem niederländischen Totaalvoetbal („totaler Fußball") der 70er-Jahre, bevorzugte Bielsa zunächst eine 4-3-3- oder 3-4-3-Formation mit offensiven Außenverteidigern.[45] Diese Formation und sein realtaktisches System passte er dabei stets dem Gegner an, um die eigenen Stärken bestens auszuspielen und gegnerische Schwächen zu nutzen. Dafür studierte er ähnlich wie später Guardiola jeden Gegner bis ins letzte Detail. Wichtig waren für ihn stets die vier Grundprinzipien Konzentration, permanente Beweglichkeit, Fluidität und Improvisation. Mithilfe dieser versuchte er, den Fußball einfach aussehen zu lassen und immer offensiv zu agieren.[46]

> *„Mein Fußball ist sehr einfach. Ich bin besessen vom Angreifen. Wenn ich Videos schaue, geht es dabei ums Angreifen und nicht ums Verteidigen." (Marcelo Bielsa)*[47]

Der Erfolg gab Bielsa in der Folgezeit recht. Als Architekt des Chaos sorgte er mit seinem überfallartigen Pressingfußball für zwei Meisterschaften hintereinander. Die Fans wusste er zudem mit seinem schnellen, vertikalen Spiel nach vorne, einer Vielzahl an stets aufrückenden Spielern und

---

[44] TE2, 2019

[45] Mario Krischel [MK] , 2019

[46] TE2, 2019

[47] MK, 2019

einer Manndeckung auf dem gesamten Feld ebenso zu überzeugen. Das Ziel war simpel, denn man wollte als Team den Gegner so nah wie möglich an dessen Tor halten und hohe Ballgewinne generieren. Dieser sollte keine Zeit, keine Anspielstationen und keinen Raum bekommen.

Besonders wichtig für diese Art von Fußball waren die maximale Hingabe der Spieler sowie eine außerordentliche Fitness. Mit einer guten Vorbereitung sowie Erfolgen in den Spielen zahlte das Team Bielsa lange Zeit das Vertrauen zurück. Allerdings ließen sich nach zwei Meisterschaften langsam Muster erkennen. Der Fußball war weiterhin ansehnlich und zunächst noch erfolgreich, doch die Spieler konnten das Tempo schon bald nicht mehr halten und brannten aus. Dafür sah Bielsa sich selbst in der Pflicht, trat von seinem Amt zurück und wechselte nach Mexiko.[48]

Der Aufstieg zum Nationaltrainer

Nach fünf Jahren und zwei Stationen in Mexiko kehrte Bielsa schließlich mit neuen Erfahrungen und Erkenntnissen nach Argentinien zurück. Zum Vorstellungsgespräch bei Velez Sarsfield erschien er mit überwältigenden 51 Videotapes, auf denen er eindrucksvoll Verbesserungspotenziale des Teams visualisiert aufzeigen konnte. Zudem bestand Bielsa auf einen Computer, der zur besseren Videoanalyse zu Screenshots in der Lage ist, vor mehr als 20 Jahren wahrlich eine seltene Forderung.

Ihm wurden all seine Forderungen und Wünsche erfüllt und er wurde direkt in seiner ersten Saison mit Velez erneut argentinischer Meister. Danach allerdings entwickelte sich die Situation vergleichbar mit Newell's, die Spieler konnten dem Tempo und der hohen Intensität des Spiels nicht standhalten. Nach Niederlagen präsentierte sich Bielsa zudem nahezu besessen, sprach offen von Selbstmord und davon, dass er nie verlieren würde, wenn Spieler nicht eben Menschen wären.

---

[48] TE2, 2019

Kein Wunder also, dass er erneut wenig später seinen Koffer packte. Nach einem kurzen Intermezzo bei Espanyol Barcelona wurde Bielsa im Oktober 1998 zum Nationaltrainer Argentiniens ernannt, eine große Ehre für ihn. Dort hatte es der Taktiker jedoch nicht leicht, auch aufgrund von Kritik an seinem damaligen Star des Teams, Diego Simeone. Dieser war gerade erst italienischer Meister mit Inter Mailand geworden, dank eines ähnlichen Spielstils wie er heutzutage Atlético Madrid spielen lässt. Sehr zum Leidwesen von Bielsa.

> *„Aber verstehst du nicht, dass sich außer den Fans niemand an diesen Titel erinnern wird? Das kannst du doch nicht Fußball nennen." (Marcelo Bielsa im Gespräch mit Diego Simeone)*

Die Weltmeisterschaft 2002 wurde aus argentinischer Sicht zu einem Desaster. Bereits in der Vorrunde war für die Albiceleste Schluss. Bielsa übernahm die Verantwortung dafür und entschuldigte sich bei der versammelten Mannschaft. Die Reaktion darauf war einzigartig, die Spieler umarmten ihn reihenweise. Die Verehrung seiner Spieler, selbst von Simeone, kannte keine Grenzen. Trotz der weiterhin skeptischen Medien sowie Experten blieb Bielsa im Amt, seine Spieler gingen fortan für ihn durchs Feuer.

Die enge Verbindung zwischen Trainer und Mannschaft zeigte sich schließlich 2004 mit dem größtmöglichen Erfolg. Argentinien erreichte das Finale der Copa America und gewann mit ihm olympisches Gold. Die Skeptiker wurden ruhig und Bielsa trat von seinem Amt zurück.

Bielsa bleibt sich treu

In Anbetracht dieser turbulenten und anstrengenden Zeiten nahm sich Bielsa zunächst etwas zurück und verbrachte 30 Tage in einem Kloster, bewaffnet mit 30 Büchern und ohne Telefon. Er versuchte die Zeit zu nutzen, um etwas zur Ruhe zu kommen und sich weiterzubilden. Erst drei Jahre später übernahm Bielsa eine neue Funktion, erneut auf internationaler Bühne.

Im Jahr 2007 erhielt er die Verantwortung für die chilenische Nationalmannschaft. Damals sollte Bielsa noch nicht wissen, dass er den chilenischen Fußball revolutionieren und die A-Nationalmannschaft zu einem ernstzunehmenden Team formen sollte. Seinen Stil behielt er schließlich bei und krempelte den Verband komplett um. Verstellen konnte sich Bielsa nie und stand stets zu seinen Werten.

Von Grund auf revolutionierte er in Chile das Verständnis für den Fußball sowie deren Jugendausbildung. Bielsa veranstaltete Fortbildungen für einheimische Trainer und sorgte dafür, dass der Verband den jungen Spielern seine Philosophie beibrachte. Mit Erfolg, formte er doch in den folgenden Jahren einen Außenseiter zu einem der ansehnlichsten Teams der Weltmeisterschaft 2010. Zudem legte er mit seiner Arbeit den Grundstein für den Nachfolger Jorge Sampaoli, der mit dem Team schließlich zwei Copa-Erfolge feiern konnte.

Im Frühjahr 2011 legte Bielsa auch dieses Amt nieder und prägte mit seiner Art auch zwei Jahre lang Athletic Bilbao in Spanien. Unvergessen bleibt hier wohl sein Ritual, basierend auf einem Aberglauben. Wegen diesem ging er in seiner Coachingzone jedes Mal lediglich dreizehn Schritte vor und zurück, nie mehr.

Nach einer trotz Sprachbarrieren erfolgreichen Zeit in Marseille, während seiner Amtszeit wurden allein vier Übersetzer entlassen und seine Art überforderte dort die Mitarbeiter generell, landete Bielsa schließlich bei Lazio Rom. Es sollte mit einer Amtszeit von offiziellen zwei Tagen die wohl kürzeste in der Clubgeschichte werden. Denn ihm wurden mit seiner Vertragsunterzeichnung Neuzugänge versprochen, an diese Vereinbarung wollte man sich bei Lazio jedoch nicht halten. Entsprechend kündigte er kurzerhand und fand nach einer weiteren Station bei LOSC Lille schließlich temporär eine Heimat, bei Leeds United in England.[49]

---

[49] MK, 2019

Die längste Amtszeit seiner Karriere

Im Jahr 2018 sollte Bielsa dann zu dem wohl spannendsten und zugleich schwierigsten Projekt seiner Trainerkarriere aufbrechen. Er übernahm den englischen Traditionsverein Leeds United und formte ihn in den folgenden Monaten von einer Lachnummer zum ernsthaften Aufstiegskandidaten. In seinem zweiten Jahr gelang ihm mit Leeds schließlich die langersehnte Rückkehr in die Premier League.

Doch diese Trainerstation bedeutete viel mehr als den reinen sportlichen Erfolg. Die Einwohner der Stadt, Fans und Spieler liebten ihn, denn Bielsa gab sich volksnah. Nicht selten sah man ihn mit seinem Leeds-Trainingsanzug in Supermärkten. Auch war er überaus gerecht und verbannte selbst seine Assistenten temporär vom Feld, wenn sie nicht vollends bei der Sache waren. Das kam grundsätzlich gut an.

Darüber hinaus waren es immer wieder Schlagzeilen, die er produzierte und mit denen er für den einen oder anderen Schmunzler sorgte. Beispielsweise wurde Bielsa einst beim Spionieren eines Gegners erwischt und mit einer Geldstrafe von 200.000 Pfund belegt. Dafür wollte er den Verein nicht aufkommen lassen und zahlte die Strafe für sein Vergehen kurzerhand aus eigener Tasche.

Es waren schlichtweg seine unnachahmliche Art und sein großes Herz, die bei den Menschen in Leeds ankamen. Einst schenkte er Konkurrent Aston Villa im Aufstiegskampf ein Tor und erhielt dafür den Fairplay-Award der FIFA. Ein anderes Mal kaufte er aus eigener Tasche Weihnachtsgeschenke und verloste sie unter den Mitarbeitern im Verein. Mit der Zeit kamen viele solcher Dinge zusammen und Bielsa fühlte sich in Leeds immer heimischer.

Es war für ihn dort so heimisch, dass er den Weg von Zuhause zum Trainingszentrum jeden Tag selbst zu Fuß lief; das entspricht einer Strecke von rund 45 Minuten Gehzeit. Und er fühlte sich so wohl, dass er sich im Zuge der Renovierungsarbeiten des Vereins am Clubzentrum ein kleines Wohnzimmer mit Küchenzeile ins Büro setzen ließ, um teilweise dort nächtigen zu können.

Und auch wenn Bielsa mittlerweile nicht mehr Trainer von Leeds ist, hat er wie auf all seinen Stationen seine Fußspuren hinterlassen. Das Stadion von Newell's Old Boys trägt mittlerweile sogar seinen Namen, da er dem Klub einst mit einer großzügigen Spende bei der Modernisierung half.[50]

Bielsa ist wahrlich ein Trainer, der nicht wegen der großen Erfolge, sondern wegen seiner klaren Philosophie, seiner Hingabe und seiner ganz besonderen Art in die Geschichte eingehen wird.

> *„Wir leben in einer Zeit und in einer Gesellschaft, in der jeder Triumph gefeiert wird, und jedem, der nicht triumphiert, vergibt man nicht. Aber die Art und Weise, wie ich Dinge tue, ist für mich wichtiger als das Resultat. Das ist meine Priorität." (Marcelo Bielsa)*[51]

PEP GUARDIOLA – DAS TAKTIKGENIE

In den vergangenen Jahren haben einige große Persönlichkeiten den Fußball geprägt und ihm ihren Stempel aufgedrückt. Das waren aber nicht nur Spieler, sondern vielmehr überragende Trainer. Entsprechend verwundert es nicht, dass mit Pep Guardiola eine der spannendsten Persönlichkeiten im Profifußball sowie einer der erfolgreichsten Trainer aller Zeiten seinen Platz in diesem Buch findet. Ein Mann, der getreu seines Vorbildes und Kollegen Marcelo Bielsa keine Einzelinterviews gibt und so keine Zeit verschwendet, ein Mann, der die Grundlagen für seine Trainerkarriere schon früh legte sowie den Fußball durch sein Wissen, seine Akribie und seine enorme Leidenschaft zu revolutionieren wusste.[52]

---

50 MK, 2019

51 TE2, 2019

52 Tobias Escher [TE2], 2019

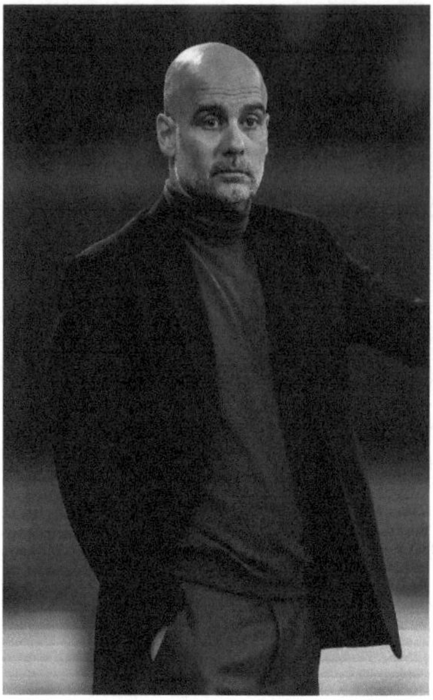

Die Anfänge des jungen Guardiola

Einen der wichtigsten Schritte in seiner Spielerkarriere ging Guardiola vermutlich im Spätsommer 1984. Damals wagte er den Sprung aus der Jugend von Gimnástic de Manresa zum FC Barcelona. Nach einigen Jahren in verschiedenen Jugendmannschaften traute man Guardiola allerdings nicht zu, den nächsten Entwicklungssprung zu schaffen und sich in die Profimannschaft zu spielen.

Allerdings hatte man die Rechnung ohne die Legende Johan Cruyff gemacht. Zwischen dem niederländischen Profitrainer und Guardiola entstand in der Folge eine besondere Verbindung, die ihm die Beförderung zu den Profis einbrachte. Doch nicht nur das, denn Cruyff formte ihn Stück für Stück zu einem Spieler von Weltformat. In das auf Positionsspiel ausgelegte Spiel der Katalanen passte der defensive Mittelfeldspieler perfekt und wurde so zum Schlüsselspieler in Cruyffs Team.

> *„Ich dachte, ich weiß, wie Fußball funktioniert. Doch als ich begann, mit Cruyff zu arbeiten, öffnete sich für mich eine neue Welt." (Pep Guardiola)*

Nach zehn langen, erfolgreichen Jahren bei den Katalanen sowie weiteren Stationen in Italien ließ Guardiola seine Spielerkarriere in Katar und Mexiko ausklingen. Das mag zunächst einmal ungewöhnlich klingen, doch er war schon immer ein Stratege und wusste diese Stationen für sich zu nutzen.

In diesen letzten Jahren versuchte der Katalane, so viel wie möglich für seine folgende Trainerkarriere zu lernen. Dafür hatte Guardiola beispielsweise seinen Verein in Mexiko genauestens ausgewählt, denn hier spielte er unter einem großen Anhänger des Positionsspiels. Zudem traf er sich mit Trainern, Spielern, Athleten aus anderen Sportarten sowie Bloggern, um am Ende möglichst viel zu lernen und bestens für den Trainerberuf vorbereitet zu sein.[53]

Guardiolas Arbeitsweise

In der Folgezeit entwickelte Guardiola Cruffys Ideen mit eigenen Komponenten kontinuierlich weiter und ließ all seine gewonnenen Erkenntnisse einfließen. Das bedeutete, dass es für seine Spieler feste Bewegungspläne geben sollte. So könnte das perfekte Positionsspiel mit diversen Anspielstationen in verschiedenen Zonen des Spielfeldes aufgezogen werden, Dreieckbildungen waren dafür das präferierte Stilmittel. Damit wollte Guardiola einen schnellen Spielfluss mit nur wenig Ballkontakten erzeugen.

Die ganz einfache Rechnung des Katalanen: Wer den Raum kontrolliert, kontrolliert den Ball und wer den Ball kontrolliert, kontrolliert das Spiel. Das war ein Ansatz, der letztlich auf dem Spielfeld für Dominanz sorgen und Guardiola zufriedenstellen sollte.

In erster Linie ging es ihm somit um die Zonenbesetzung mit einem ausgeklügelten Positionsspiel. Wichtig war dem Katalanen, dass dies auch gegen den Ball bestens funktioniert und schnelle Ballrückgewinne möglich sind. Ansonsten sollte das Team nach wenigen Sekunden in die Defensivordnung zurückkehren. Um das zu gewährleisten, plante Guardiola Ballverluste in seine systematischen Anordnungen ein, um Schwachstellen bei Ballverlusten zu erkennen und entscheidende Details zu verändern. Dieses organisierte Nachsetzen stellte 2008 eine absolute Neuheit in Europa dar.

---

53 TE2, 2019

Doch reiner Ballbesitz ist nicht alles. Schließlich ist dieser nicht das Ziel des Positionsspiels, sondern lediglich ein Nebenprodukt. Der Vorteil des eigenen Positionsspiels kann ausschließlich dann ausgespielt werden, wenn die Positionierung aller in das Spiel einbezogenen Spieler nahezu perfekt ist. Aus diesem Grund missfällt Guardiola auch der Begriff des Tiki-Taka, denn bei diesem geht es laut dem Katalanen nicht um zielgerichteten Ballbesitz, sondern vielmehr um einfaches Hin- und Herspielen.

> *„Ich hasse dieses Tiki-Taka. Ich hasse es. Tiki-Taka ist, sich den Ball zuzuspielen, um sich den Ball zuzuspielen, einfach so, ohne Sinn und Verstand. Und das führt zu nichts. Glaubt nicht, was euch erzählt wird: Barca hatte mich dem Tiki-Taka nichts zu tun! Das ist ein Märchen! Hört nicht darauf! Das Geheimnis bei jedem Mannschaftsspiel ist, das Spiel auf eine Seite zu verlagern, damit der Gegner ins Schwimmen kommt. Den Gegner auf eine Seite zu locken, damit er die andere Seite freigibt. Und wenn wir das geschafft haben, dann müssen wir es über diese andere Seite versuchen. Deswegen muss man sich den Ball zupassen, jawohl, aber mit einem Ziel, mit einer bestimmten Absicht. Also: den Ball in den eigenen Reihen halten, um das Spiel zu verlagern, den Gegner auf eine Seite zu locken, und dann über die andere angreifen. Das muss unser Spiel sein und nicht dieses sinnlose Tiki-Taka." (Pep Guardiola)*

Ähnlich energisch wie bei der Verteidigung seiner eigenen Ideen und Standpunkte tritt der Katalane in der Gegnerbeobachtung auf. Diese übernimmt normalerweise das Trainerteam, nicht aber wenn Guardiola der Cheftrainer ist. Schließlich sieht er jeden Gegner grundsätzlich als Problem, für welches eine einzigartige Lösung verlangt wird. Daher wird nichts dem Zufall überlassen, seine Suche nach Räumen und Schwachstellen in der gegnerischen Deckung ist äußerst akribisch.

Ein gutes Beispiel für einen seiner unzählbaren erfolgreichen Funde ist die Analyse von Real Madrid vor dem bedeutsamen El Classico während seiner ersten Trainersaison in Barcelona. In seiner Vorbereitung fand er eine Lücke in der Defensivordnung der Madrilenen, sprach spät am Abend mit seinem Top-Star Lionel Messi, veränderte den Spielplan und stellte seine Mannschaft bestens ein. Das Endergebnis von 6:2 spricht eine eindeutige Sprache.[54]

Guardiolas erste Schritte als Trainer

Im Jahr 2008 nahm Guardiola erstmals auf der Trainerbank Platz, genauer gesagt bei seinem FC Barcelona. Der Druck war groß, doch er hatte sich während der letzten Jahre auf diese Chance vorbereitet und wusste genau, was zu tun ist.

Das brachte vor allem Veränderungen mit sich, auf nahezu allen Ebenen. Guardiola installierte einen Ernährungsberater, denn die Ernährung sei seiner Ansicht nach zu wichtig für den Muskelaufbau. Ebenso gab es fortan kein reines Konditionstraining mehr, stattdessen ließ er jede Trainingsform mit Ball absolvieren. Und das war noch längst nicht alles, denn auch die Herangehensweise an das Training selbst änderte sich radikal. Guardiola ist ein klassischer Perfektionist, entsprechend wurde fortan jedes Training nicht nur ernst genommen und wie ein Spiel angegangen, sondern ebenso jede Kleinigkeit unmittelbar korrigiert. Eine derartige Akribie ist selbst im Profifußball selten zu beobachten.

Besonders wichtig ist Guardiola jedoch Professionalität. Diese wird von ihm jederzeit eingefordert. Fällt ein Spieler durch Undiszipliniertheit auf oder passt nicht zum typischen Guardiola-Fußball, scheut er sich nicht vor unpopulären Entscheidungen. Das mussten einst Weltklassespieler wie Ronaldinho, Samuel Eto'o oder Zlatan Ibrahimović erfahren. Sie alle hatten unter Guardiola keine Zukunft mehr in Barcelona und wurden rigoros aussortiert.[55]

---

[54] Ebd.

[55] Ebd.

Vertraut man Guardiola und gibt sich dessen Spielkonzept hin, stellen sich die Erfolge nach kurzer Zeit ein. Sein Start in Barcelona verlief zwar holprig, nach wenigen Wochen hatte sich das Team jedoch bestens eingespielt, seine Ideen verinnerlicht und es legte beeindruckende Siegesserien hin. Am Ende seiner ersten Saison 2008/2009 stand so nach einem Sieg im Champions-League-Finale gegen Manchester United bereits das Triple zu Buche. Ein außergewöhnlicher Erfolg eines beeindruckenden Teams und eines inspirierenden Trainers.

Es sollten wahrlich nicht die einzigen großen Erfolge von Guardiola in Barcelona sein. Denn seine Kunst besteht darin, sein Team immer wieder bestmöglich auf die Gegebenheiten vorzubereiten. Diese Akribie für jedes kleinste Detail hat Guardiola nie verloren, präsentierte sich stets hochmotiviert. Und so standen nach vier Jahren als Cheftrainer des FC Barcelona stolze vierzehn neue Titel im Trophäenschrank, die erfolgreichste Zeit mit dem stärksten Team in der Vereinsgeschichte.

Das Auslandsabenteuer

Zu dieser Zeit verfolgte Guardiola eine klare Philosophie, aufgrund derer er nur für einige wenige, erfolgreiche Jahre bei einem Verein bleiben wollte. Daher endete 2012 seine erste Trainerstation mit einer eigens anberaumten Schaffenspause.

Im Jahr 2013 kehrte Guardiola dann in den Profifußball zurück und begann sein erstes Auslandsabenteuer beim FC Bayern München. Eine große Aufgabe in einem erfolgsverwöhnten Umfeld für den Katalanen, der auch in München an seiner Grundphilosophie festhielt. In der Umsetzung präsentierte er sich jedoch variabler und passte sich seiner neuen Mannschaft an. So wollte er die eigenen Stärken bestmöglich ausspielen. Fixpunkt während Guardiolas Zeit in München wurden fortan entsprechend die beiden Außenspieler Franck Ribéry und Arjen Robben. Sie galt es freizuspielen, indem der Gegner in die Mitte gelockt wurde, sodass Freiräume für die beiden Top-Stars entstanden.

Zu dieser Zeit waren allerdings noch weitere Unterschiede im Vergleich zu seiner vorherigen Amtszeit in Barcelona zu erkennen. Während grundlegende Elemente seines Spiels weiterhin erkennbar waren, passte sich Guardiola nämlich an den deutschen Fußball an. Lange Bälle wurden immer wieder eingestreut und mit seiner U-Formation schnürte er dem Gegner förmlich die Luft zum Atmen ab. So war es seinem Team möglich, einen enormen Druck aufzubauen und ein gegnerisches Umschaltspiel nahezu vollständig zu unterbinden.

Nach Barcelona schaffte er es auch in München, ein Team nachhaltig weiterzuentwickeln und auf das nächste Level zu bringen. Ebenso hatte er großen Einfluss auf die Entwicklung des deutschen Fußballs im Ganzen. In der Folge von sieben Titeln in nur drei Jahren führte ihn seine Reise allerdings weiter auf die Insel, genauer gesagt zu Manchester City.[56]

Während seiner Anfangszeit waren sämtliche Experten und Fans kritisch. Seit einigen Jahren hatte es schließlich Zweifel gegeben, ob Guardiolas Spielstil auch in der Premier League erfolgreich sein könnte. Doch seine Kritiker strafte er in unnachahmlicher Manier ab. Ohne seine Grundelemente zu vernachlässigen, passte Guardiola seinen Fußball abermals an die Gegebenheiten an und gewann erneut mehrere Titel. Mittlerweile fühlt sich Guardiola in Manchester sogar so wohl, dass er seine eigene Regel gebrochen hat. Denn seinen Vertrag verlängerte er bereits mehrfach und absolviert derzeit nach seiner Übernahme 2016 die längste Amtszeit seiner Trainerkarriere.

Selten hat es in der langen Geschichte des Fußballs einen Trainer gegeben, der nicht nur sein Team, sondern den gesamten Fußball in einer Nation nachhaltig weiterentwickelte. Einen Trainer, der auf jeder Trainerstation außergewöhnliche Erfolge feiern konnte und als Quelle der Inspiration dient. Guardiola ist ohne Zweifel einer der größten Trainer in der Geschichte des Fußballs.

---

[56] Ebd.

MOMENTE FÜR DIE EWIGKEIT

DAS WUNDER VON BERN

Der deutsche Fußball hat sicherlich einige tolle Geschichten geschrieben. Die wohl emotionalste, packendste und vor allem wichtigste von allen war allerdings ohne Zweifel das Wunder von Bern im Jahr 1954, ein Wunder, das vielen Menschen Kraft gegeben sowie für ein neues Selbstwertgefühl und für eine Identifikation mit dem neuen Deutschland gesorgt hat. Nicht zuletzt aufgrund der zelebrierten Tugenden wie Kameradschaft, Fleiß, Disziplin, Teamgeist und Ausdauer. Das ist ein Wunder, das zu Recht als eines der besondersten Ereignisse der WM-Geschichte gilt.

Startschuss dieses Stücks Sportgeschichte war kurz nach Ende des Zweiten Weltkrieges. Infolgedessen ist die deutsche Nationalmannschaft von November 1945 bis 1950 aufgrund der Ereignisse in Europa von allen Turnieren ausgeschlossen worden. Die Weltmeisterschaft 1954 in der Schweiz stellte somit den ersten Auftritt nach der Sperre dar und war einer der ersten Schritte der Wiedereingliederung Deutschlands in die internationale Gemeinschaft.

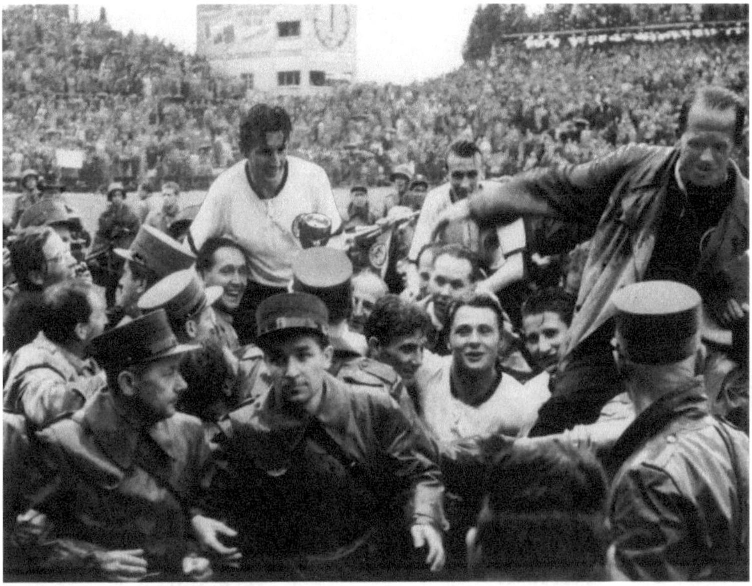

Die Vorbereitung

Aus diesem Grund wollte man sich und vor allem das eigene Land bestmöglich präsentieren, weswegen Bundestrainer Sepp Herberger Lehrgänge in Grünwald und Schöneck veranstaltete. Diese sollten der perfekten Vorbereitung auf das Turnier dienen.

Die erste Station in Grünwald nutzte Herberger für eine größere Sichtung, ganze 29 Spieler wurden hierher eingeladen. Infolge von straffem Konditionstraining sowie taktischen Schulungen reduzierte Herberger den Kader schließlich auf 22 Akteure. Undisziplinierte Spieler sortierte der Bundestrainer unmittelbar aus, demonstrierte so Härte und Führungsstärke. Der Lehrgang in Schöneck diente als Treffen zum Einschwören auf die WM-Mission, bevor sich das Team im Juni 1954 von Karlsruhe aus auf den Weg in die Schweiz begab.

Erster Zwischenhalt der Mannschaft mitsamt der Betreuer wurde das Wankdorf-Stadion in Bern. Schließlich sollte man hier das erste Gruppenspiel gegen die Türkei bestreiten. Anschließend ging es weiter nach Spiez an den Thunersee, genauer gesagt ins Hotel Belvedere. Hier entwickelte sich in der Folge auf beeindruckende Art und Weise der Mannschaftsgeist, weswegen auch vom Geist von Spiez gesprochen wird.

Jedes Zimmer beherbergte zwei Spieler für ein besseres Verständnis und eine Art Unzertrennlichkeit. Herberger wollte so eine Einheit formen und das Team an diesem Ort von der Außenwelt abschotten. Presse und auch Spielerfrauen waren folglich nicht zugelassen. Stattdessen wurde das Mannschaftsgefüge mit diversen gemeinsamen Aktivitäten aktiv gefördert, so wurde der Teamgedanke immer weiter geschärft. Zudem führte Herberger diverse Einzelgespräche, um die Spieler psychologisch sowie taktisch zu formen, einzustellen und dadurch bestmöglich vorzubereiten, mit Erfolg.

Der Weg ins Finale

Nach einem ungefährdeten „4:1"-Auftaktsieg gegen die Türkei kam es bereits am zweiten Spieltag zum ersten Duell mit Ungarn. Es sei erwähnt, dass Ungarn zu dieser Zeit das wohl beste Team seiner Geschichte und eine der weltbesten Mannschaften zur Verfügung stand. Herberger wählte gegen diese scheinbare Übermacht jedoch einen anderen Ansatz, was ihm im Nachhinein nicht wenig Kritik einbringen sollte.

Anstatt mit der besten Mannschaft aufzulaufen, schonte Herberger einige Leistungsträger und begründete dies als taktische Entscheidung. Schließlich sollte der WM-Modus bei einer Niederlage ein Entscheidungsspiel gegen die Türkei vorsehen, für welches man gewappnet sein wollte. Dieses Vorhaben oblag selbstredend größter Geheimhaltung und wurde den Spielern lediglich schriftlich mitgeteilt. Letztlich geriet Herbergers Herangehensweise jedoch trotzdem ans Tageslicht und wurde folglich veröffentlicht. Besonders bei den rund 30.000 angereisten Deutschen sorgte das für Verärgerung, waren sie doch zum Großteil extra mit Sonderzügen für das Spiel in die Schweiz gereist. Einige Spieler zeigten sich frustriert und fanden Trost im Alkohol, das Spiel endete deutlich mit 8:3 für Ungarn. Die Kritik an Herberger wuchs, doch ebenso die mannschaftliche Geschlossenheit.

Die Überlegung Herbergers ging auf, im Entscheidungsspiel wirkte man körperlich frisch und siegte deutlich mit 7:2 gegen die Türkei. Doch nach dem Spiel ist bekanntlich vor dem Spiel. Unmittelbar nach dem fixen Einzug in die nächste Runde begann man mit den Vorbereitungen für die Begegnung mit Jugoslawien. Ein nicht zu unterschätzender Gegner, der im Vorfeld sogar den Brasilianern ein Unentschieden abgeknöpft hatte. Doch auch die Jugoslawen stellten kein Hindernis dar und Deutschland siegte dank eines Eigentors und eines Treffers von Rahn souverän mit 2:0. Angesichts des starken Gegners gab vor allem der Sieg ohne Gegentor dem Team einen weiteren Push.

Im Halbfinale wartete nun ein temperamentvoller Kontrahent aus Österreich auf die Deutschen. Grundsätzlich ging man im Vorfeld von einem umkämpften, engen Spiel aus. Allerdings waren die Österreicher nach einer Hitzeschlacht im vorangegangenen Spiel entkräftet und konnten der deutschen Auswahl bei deren „6:1"-Sieg nicht viel entgegensetzen. Das Wetter wurde mit dem permanenten Regen und dem glitschigen Rasen zudem eine perfekte Generalprobe für das anstehende Finale.

Das WM-Finale 1954

Es war der 4. Juli 1954, der Tag, der in die WM-Geschichte sowie in die deutsche Sportgeschichte eingehen sollte. Gegner der deutschen Auswahl war einmal mehr Ungarn, welches sich nach der Gruppenphase durch das Turnier hat kämpfen müssen. In der Schlacht von Bern rang das Team nach drei Platzverweisen, einem kräftezehrenden Spiel und Auseinandersetzungen in der Kabine das Top-Team aus Brasilien mit 4:2 nieder. Auch das Halbfinale gegen Uruguay stellte sich aufgrund einer spielerisch schwachen Leistung als Kraftakt heraus. Diesen konnte man schließlich nach Verlängerung für sich entscheiden und ins Endspiel in Bern einziehen.

Nun kam es also zum zweiten direkten Aufeinandertreffen der Deutschen mit den Ungarn, mit einem leichten Vorteil für Deutschland. Immerhin hatte man ein etwas leichteres Programm, zudem waren die Spiele weniger kräftezehrend und auch das eine Spiel weniger in den Knochen sollte so manchem Spieler am Ende helfen.

Der Start verlief für den Favoriten dennoch erwartungsgemäß. Bereits nach sechs Minuten gelang Ungarn in Person von Ferenc Puskás der Führungstreffer, ausgerechnet Puskás, der im Gruppenspiel gegen Deutschland unglücklich umgeknickt war und daher im Turnierverlauf nicht mehr an sein Leistungsmaximum herankam. Und nur wenige Minuten später erhöhte Zoltán Czibor bereits auf 2:0. Schlechter hätte das Endspiel für Deutschland nicht beginnen können.

Doch die Antwort ließ nicht lange auf sich warten. Keine 60 Sekunden nach dem 0:2 verkürzte Max Morlock nach Vorarbeit von Helmut Rahn auf 1:2. Das sorgte für Hoffnung und Zuversicht, sowohl auf als auch abseits des Platzes. Wenige Minuten später folgte der „2:2"-Ausgleichstreffer, der dank des überragend aufgelegten deutschen Torhüters Toni Turek der letzte Treffer in der ersten Halbzeit blieb.

In der Halbzeitpause flogen dennoch die Fetzen. Streit zwischen Abwehr und Angriff kam auf. Herberger musste letztlich die Wogen glätten und das Team auf seine Tugenden besinnen.

Doch dieses Unterfangen sollte ihm letztlich bravourös gelingen und er schwor die abermals geeinte Mannschaft auf die zweite Halbzeit ein. Deutschland kam somit geschlossen aus der Kabine und hielt dem ungarischen Dauerdruck bis zur 70. Spielminute stand. Dann wandte sich das Blatt, denn Ungarn musste dem immens hohen Tempo Tribut zollen. Die Sternstunde der Deutschen hatte nun geschlagen.

Die deutsche Elf entzog sich von Minute zu Minute immer mehr dem ungarischen Druck und erarbeitete sich wieder eigene Chancen. Eine solche konnte Rahn in Minute 84 schließlich zum umjubelten 3:2 nutzen.

In der Folge fuhren die Ungarn nochmals alle Geschütze auf, doch an Turek war an diesem Tag kein Vorbeikommen mehr. Der Abpfiff ertönte, der Jubel kannte kein Halten mehr und Kapitän Fritz Walter nahm später von Jules Rimet den WM-Pokal entgegen. In der Heimat wurde das deutsche Team bei seiner Rückkehr frenetisch gefeiert. Jedermann war klar, dass die Bedeutung dieses Erfolgs weit über den Sport hinausgeht.

Dieser Triumph gab einer ganzen Nation Hoffnung und erzeugte eine Aufbruchstimmung im Land.[57]

Doch es gibt im Fußball nicht nur Wunder, nicht nur Höhepunkte. Niederlagen, Abstiege, selbst Verletzungen - sie alle sind auf ihre eigene Art und Weise dramatisch. Aber nichts wiegt schwerer, als wenn Fans ins Stadion gehen, um ihr Team anzufeuern, um ihrer und unserer Leidenschaft nachzugehen, und nie mehr zurückkehren.

EINE KATASTROPHE, DIE DEN FUSSBALL FÜR IMMER VERÄNDERT

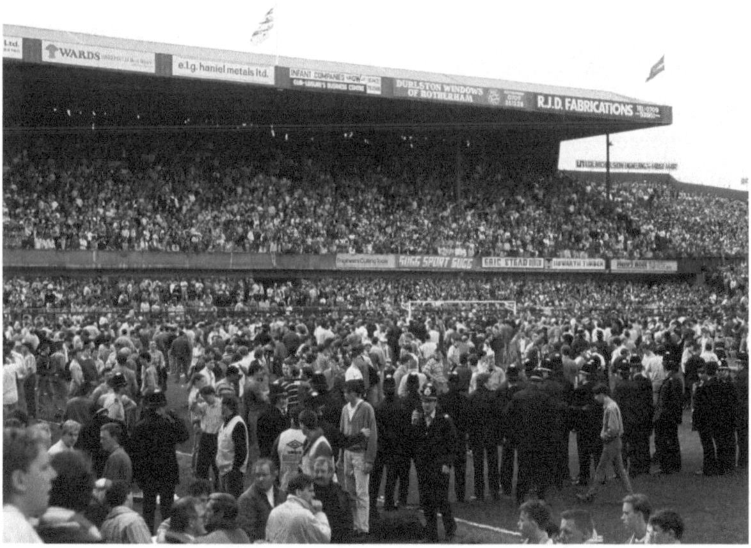

Am 15. April 1989 traf der FC Liverpool im Halbfinale des englischen Pokals auf Nottingham Forrest. Auf den Trainerbänken saßen zwei echte Granden des englischen Vereinsfußballs: Kenny Dalgish, ehemaliger Spie-

---

[57] Frederik Paulus [FP], 2020

ler und absolute Legende beim LFC, und Brian Clough, dem in diesem Buch ein gesondertes Kapitel gewidmet wird. Geplanter Anpfiff war um 15 Uhr. Wie in den 1980ern üblich, sollte das Spiel nicht als Heimspiel ausgetragen werden, sondern auf neutralem Boden im Hillsborough Stadion von Sheffield. Mit 54.000 Zuschauern, aufgeteilt in je 27.000 für die Fans beider Vereine, war das Stadion restlos ausverkauft - und wird sich mit seinem Namen in das kollektive Fußballgedächtnis einprägen.

Hergang des Unglücks

Die beiden Fanlager wurden strikt voneinander getrennt; den Anhängern der beiden Vereine standen jeweils zwei Tribünen zur Verfügung. Die konsequente Separation der Fangruppen war die Konsequenz von unzähligen gewalttätigen Ausschreitungen in den Stadien der damaligen Zeit, unter anderem der Heysel-Katastrophe. Dabei trafen am 29. Mai 1985 im Endspiel des Europapokals der Landesmeister Juventus Turin und der FC Liverpool im Brüsseler Heysel-Stadion aufeinander. Bereits vor Anpfiff bewarfen sich die Fans mit Steinblöcken aus dem maroden Stadion, gingen aufeinander los und rissen dabei eine Trennmauer ein, die dutzende Menschen unter sich begrub. 39 Menschen verloren ihr Leben, hunderte wurden verletzt.

In Hillsborough war unter anderem die Westkurve, der West Stand, für die Fans des FC Liverpool vorgesehen. Der Stehplatzbereich bot Platz für etwa 10.000 Besucher und war lediglich mit einigen Wellenbrechern sowie einem großen Zaun zum Spielfeld ausgestattet, der die zu dieser Zeit üblichen Platzstürme verhindern sollte. Vor Spielbeginn tummelten sich immer mehr Menschen vor dem Eingang, weil für die Anhänger der *Reds* nur 23 Drehkreuze am Einlass zur Verfügung standen (bei Nottingham waren es immerhin 60). Als die in das Stadion strömende Menge immer größer wurde, traf Polizeikommandant David Duckenfield nur wenige Minuten vor Anpfiff eine folgenreiche Entscheidung. Als leitender Polizist war er an dem Tag für die Sicherheit der Fans im Stadion verantwortlich und ließ aus Sorge vor einer Massenpanik im Eingangsbereich ein weiteres Tor öffnen, um den Andrang auf den West Stand zu entlasten. Unkontrolliert strömten nun innerhalb kürzester Zeit Tausende auf den West Stand und drückten die Fans, die bereits an ihrem Platz standen, immer weiter in den unteren Tribünenbereich, wo ihnen der spielfeldabgrenzende Zaun den Ausweg versperrte. Einige Wellenbrecher gaben unter der Last nach, der Zaun hingegen nicht. So wurden in wenigen Minuten hunderte Fans niedergetrampelt und eingequetscht; ihnen blieb kein Platz zum Atmen.

Während sich auf der Tribüne ein Kampf um Leben und Tod abspielte, kämpften die Akteure auf dem Platz um den Ball. Liverpools Torhüter Bruce Grobbelaar, der vor dem West Stand im Tor stand, wurde von den Fans angefleht, ihnen zu helfen. Bis heute fühlt sich Grobbelaar verantwortlich; die Zurufe aus dem Publikum hallen bis heute in seinen Ohren nach. Erst als der Ball nach einem Schuss von Nottingham Forest über seinen Kasten ins Aus flog, konnte Grobbelaar den Schiedsrichter Ray Lewis überzeugen, die Partie abzubrechen und die dringend benötigte Hilfe zu leisten. Gerade einmal sechs Minuten nach Spielbeginn war die Tragödie jedoch in vollem Gange. Einige, glückliche Fans konnten über den Zaun klettern und über das Spielfeld flüchten, viele fanden jedoch keinen rettenden Weg.

Vorurteile als Totengräber

Während sich die Situation auf dem West Stand immer mehr von einer Tragödie zu einer Katastrophe entwickelte, waren die Polizei und erste Rettungskräfte mit der unklaren Lage vollends überfordert. Erst nach mehreren Minuten der Koordination, die sich für die Menschen auf der Bühne eher wie einige Stunden angefühlt haben müssen, öffneten die Beamten ein Tor im Zaun zum Spielfeld. Panisch, angsterfüllt und ungläubig flüchteten die Fans auf den Rasen. Zeitgleich bildeten Polizisten eine menschliche Mauer vor den Blöcken der Forest-Fans, um zu verhindern, dass sie den Rasen im Hillsborough-Stadion stürmen könnten. Aus den Blöcken der Forest-Fans sah es nach einem gewöhnlichen Platzsturm aus, während immer mehr Anhänger der *Reds* um das nackte Überleben kämpften. Einige versuchten, Freunde und Bekannte zu reanimieren, andere nutzen Werbetafeln als Tragebahren für die Verwundeten. Vor dem Stadion hatten sich mittlerweile fast vierzig Rettungswagen eingefunden, die aus dem Stadion heraus angefordert wurden. Allerdings durften die Notfallhelfer nicht in das Stadion, da sowohl die Polizei als auch die weiteren Sicherheitskräfte im Stadion davon ausgegangen waren, dass es sich lediglich um Randale und Ausschreitungen einiger gewaltbereiter Liverpool-Fans handle. Dies begründete die Polizei später damit, dass die Hooligans der *Reds* nicht erst seit der Heysel-Katastrophe für ihre ausgeprägte Gewaltbereitschaft bekannt waren. Als die Krankenwägen schlussendlich doch in das Innere des Stadions gelassen wurden und sich der West Stand nach und nach geleert hatte, eröffnete sich den Menschen im Stadion ein grausames, unübersichtliches Bild: Unzählige Tote und Verwundete lagen auf der Tribüne; für insgesamt 96 von ihnen kam jede Hilfe zu spät. Über 750 weitere Personen wurden zum Teil schwer verletzt.

Trauerarbeit von Verein und Betroffenen

Das Gros der Opfer stammt aus dem Fanlager des FC Liverpool, weshalb es in den Tagen nach der Katastrophe zu einer großen Welle öffentlicher Anteilnahme in der Industriemetropole an der Mersey kam. Die Anfield Road, das Heimstadion der *Reds*, wurde zu einer Pilgerstätte, an der trauernde Fans, Freunde und Verwandte Blumen niederlegten und Kerzen anzündeten. Aber nicht nur die Anhänger wurden aktiv: Als direkte Konsequenz wurde der Songtitel „You´ll never walk alone" von Richard Rodgers und Oscar Hammerstein, der heute vor jedem Heimspiel von den Fans an der Anfield Road gesungen wird, mit in das Vereinswappen aufgenommen. Das Lied erlangte durch das Broadway-Musical *Carousel* Bekanntheit und handelt davon, auch in dunklen Zeiten mit einer positiven Einstellung in die Zukunft zu schauen. Neben dem Songtitel wurden zu Ehren der Verstorbenen noch zwei Fackeln in das Wappen integriert. Ähnlich wie es der Flugzeugabsturz von 1958 mit Manchester United tat, hat die Katastrophe von Hillsborough den FC Liverpool und sein Vermächtnis für immer verändert – aber auch die Verkaufszahlen der rechtskonservativen Tageszeitung *Sun*.

Sozialer Streitpunkt und *Sun*-Stolperstein

In den 1980ern wurde Fußball in Großbritannien als Sport der Arbeiterklasse denunziert. Diese Ansicht vertrat auch Margaret Thatcher, die amtierende Premierministerin während der Hillsborough-Katastrophe. Mit ihrer Politik sorgte sie dafür, dass staatliche Industrieunternehmen privatisiert wurden, weshalb unzählige Arbeiterinnen und Arbeiter ihre Jobs verloren. Schrittweise baute sie immer mehr Eigenschaften des Sozialstaats ab und schaffte so die „No-Future-Generation", die ihren sozialen Frust oft als Hooligans im Stadion entluden. Somit trug Thatcher selbst eine gewisse Schuld an den Problemen im Fußball, die sie so sehr verfluchte. Der Journalist David Maddock schrieb dazu im *Daily Mirror*: „Diese Frau hat die Arbeiterklasse gehasst. Und sie hat den Fußball gehasst."[58] Ihre Kampagne setzte Thatcher auch nach Hillsborough fort: Gemeinsam mit der Tageszeitung *Sun* und dessen Chefredakteur Kelvin MacKenzie machte sie die Fans selbst verantwortlich. Unter dem Titel *„The Truth"* veröffentlichte das Boulevardblatt auf der Frontseite: „Liverpool-Fans stahlen die Geldbörsen der Toten und urinierten auf die Polizei, die zur Rettung herbeigeeilt war." So wurde der Gesellschaft vorgegaukelt, dass randalierende Fans die Massenpanik verursacht hätten – nicht ohne Folgen für die Zeitung. In Liverpool sank ihre Auflage um 97% (!) von 400.000 vor dem Artikel auf 12.000 nach dessen Erscheinen. In der Stadt wurden zudem öffentlichkeitswirksam Stapel des Blattes verbrannt; Reporter der *Sun* gaben sich aus Angst um die eigene Sicherheit als Mitarbeiter von anderen Zeitungen aus.

2004 entschuldigte sich die Zeitung bei den Anhängern der *Reds*, aber auch bei Fußballfans weltweit. Ohne wirklichen Erfolg – bis heute sind rund um die Anfield Road unzählige *„Don´t buy the Sun"*-Aufkleber zu lesen.[59]

Neben der medialen Berichterstattung rund um die Geschehnisse auf der West Stand trug auch die Polizei eine erhebliche Schuld an dem ge-

---

58 David Maddock [DM], 2012

59 Dietrich Schulze-Marmeling, 2019

samtgesellschaftlichen Klima gegen die Opfer von Hillsborough. Wie der *Guardian* in den frühen 2000er-Jahren berichtete, kam es im Zusammenhang mit der Katastrophe zu über 100 Falschaussagen von beteiligten Polizisten im Stadion.[60] Für viele Fans, die wegen der Aufarbeitung der Tragödie, den falschen Schuldzuweisungen und den ausbleibenden rechtlichen Folgen an der emotionalen Belastungsgrenze waren, brachte das das Fass zum Überlaufen. Wiederkehrend skandierten sie „Justice for 96" in Anlehnung an die Todeszahl und forderten, dass die Regierung, die bisher unter Verschluss gehaltenen Polizeiberichte für die Öffentlichkeit zugänglich machen und ernsthafte Ermittlungen anstellen solle. 2011 gab das britische Parlament dem öffentlichen Druck nach und setzte eine unabhängige Kommission zur Sichtung der Akten ein – den Hillsborough Independent Panel. Die Kommission sichtete die über 400.000 Akten und sprach die Opfer anschließend von jedweder Schuld frei. Das Bild der gewaltbereiten Hooligans, die in Hillsborough über Leichen gingen, verschwand somit nach und nach aus der gesellschaftlichen Wahrnehmung; Angehörige konnten in Würde um die Verstorbenen und Verletzten trauern. Liverpools Bürgermeister Joe Anderson verkündete nach den Ermittlungen in einer Rede vor dem Rathaus: „Die Tränen haben sich gelohnt, die Familien der 96 Toten könnten nun in Frieden leben."[61]

Fußball nach der Katastrophe: Der Taylor Report

Die 96 Toten von Hillsborough kann man als Unglücksraben bezeichnen. Aber die Behauptung, dass sie einfach zur falschen Zeit am falschen Ort waren, würde der damaligen Situation in englischen Stadien nicht gerecht werden. Die Katastrophe hätte sich ebenso im legendären Old Trafford von Manchester United ereignen können – oder gar an der Liverpooler Anfield Road. Ursache war nicht nur die Verkettung vieler unglücklicher Umstände, sondern viel mehr die maroden, baufälligen britischen Stadien und der fehlende Wille der Vereine, die Sicherheit aller Fans zu priorisieren. Das be-

---

60 Martin Wainwright [MW], 2000

61 Jens Peter Marquardt [JPM], 2019

wiesen nicht zuletzt das Ibrox Disaster von 1971 sowie die Volley-Parade-Feuerkatastrophe von 1985, die 66 respektive 56 Todesopfer forderten. Die typische Spielstätte der damaligen Zeit war zwar mit einigen Sitzplätzen ausgestattet, jedoch waren diese beinahe ausschließlich für die besser Betuchten oder Vereinsgönner vorbehalten. Tragfähige Sicherheitskonzepte gab es nur vereinzelt. Hillsborough war nicht nur eine der größten Katastrophen der Fußballgeschichte, sondern wurde auch zum Anstoß eines gigantischen Bauprogramms. Dieses sollte die Art und Weise, wie Fußball im Mutterland des Sports erlebt wurde und wird, für immer beeinflussen. Jahrzehntelang prägten gigantische Stehplatztribünen die englische Fankultur, welche weltweit als Vorbild galten. Die Engländer verstanden sich in den 1980ern nicht nur als Vorreiter der sportlichen Weiterentwicklung des Sports, sondern auch in puncto aktive Unterstützung für die eigene Mannschaft. Da die Sicherheit hier jedoch nicht immer an erster Stelle stand, veröffentlichte der englische Richter Peter Murray Taylor 1990 einen Maßnahmenkatalog mit „Empfehlungen für Maßnahmen zur Kontrolle von Zuschauermengen und der Sicherheit bei Sportveranstaltungen". Die Geburtsstunde des Taylor Reports.

Der Bericht, den Taylor mit dem selbsterklärten Ziel verfasste, den Stadionbesuch für alle sicherer zu gestalten, bestand aus insgesamt 76 Empfehlungen. Wesentliche Punkte waren die Abschaffung kritischer Begrenzungszäune, ein Verbot des Alkoholausschanks im Stadion selbst sowie eine pauschale Reduzierung der Kapazitäten um 15%. Die weitreichendste Veränderung für Fans wie Vereine war jedoch die bedingungslose Abschaffung der Stehplätze. So wurde der lobenswerte und richtige Ansatz, das Stadionerlebnis für alle Zuschauer sicherer zu gestalten, zeitgleich zu einem Sargnagel für die legendäre englische Stadionatmosphäre. Zunächst bedeutete der Taylor Report für Vereine und Fans aber vor allem eines: steigende Kosten. Der Umbau von Steh- zu Sitzplätzen war nur unter enormem finanziellen Aufwand möglich und resultierte in niedrigeren Einnahmen aus Ticketverkäufen. Einen Großteil der gestiegenen Kosten gaben die Vereine direkt an ihre Fans weiter; das hatte kontinuierliche Steigerungen der Ticketpreise zur Folge, die bis heute anhalten. Folglich konnten sich gerade langjährige Fans aus der Arbeiterschaft den Stadionbesuch nicht mehr oder nur noch selten leisten. Aber gerade diese Fans sorgten für die atmosphärische Begleitung im Stadion, stimmten Fangesänge an, bejubelten Tore am lautesten oder schüchterten den Gegner mit ihrer puren Lautstärke ein. So verkam der Stadionbesuch im Zuge des Taylor Reports vom lautstarken Open-Air-Konzert zum großelterlichen Chortreffen.

Deshalb wurde in den vergangenen Jahren auch immer vehementer über eine Einführung von sogenannten „Safe Standing" Bereichen diskutiert – diese sind auch in deutschen Stadien seit Jahrzehnten gängige Praxis. Die englische Fankultur und Stadionatmosphäre, die einst europaweit als Vorbilder galten, wirken heute eher blass im Vergleich zu anderen Ländern. Und das in der auf maximale Gewinne ausgerichteten Premier League, die von sich behauptet, das beste Fußballerlebnis der Welt zu bieten.

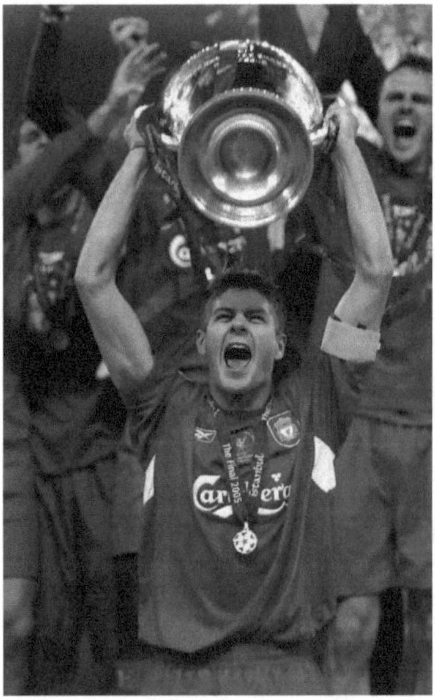

ONE NIGHT IN ISTANBUL

„Schneide meine Venen auf und ich blute Liverpool rot. Ich liebe Liverpool mit einer brennenden Leidenschaft." Mit diesen Worten beschreibt Steven Gerrard zu Beginn seiner Autobiografie seine Beziehung zum Liverpool Football Club, für den er in 710 Pflichtspielen auf dem Rasen stand.[62] Schon als Kind kickte er mit seinem Bruder und seinem gleichaltrigen Cousin Jon-Paul auf den Straßen Liverpools, dabei immer das Trikot seiner ge-

62 Max Wagenhan [MW], 2022

liebten Reds. Jener Jon-Paul Gilhooley war das jüngste Opfer der Hillsborough-Katastrophe. Jahre später wurde aus dem kleinen Steven Gerrard ein Weltklasse-Mittelfeldspieler und Kapitän seines Clubs.

Die Vorzeichen

Doch Mitte der 2000er lief es für die Reds nicht so rosig. Mit einem 5. Platz in der Premier League hatte das Team von Rafa Benitez die Qualifikation für die Champions League verpasst, lag dabei 37 Punkte hinter dem neureichen Meister Chelsea. Eben jenes Chelsea mit seinem charismatischen Coach Jose Mourinho baggerte an Gerrard, wollte mit diesem Transfer seine neue Vormachtstellung in England zementieren. Gerrard konnte der Verlockung kaum widerstehen, die Vertragsverhandlungen mit Liverpool gerieten ins Stocken. Gleichzeitig konnten die Reds den Rivalen aus London überraschend im Halbfinale der Champions League bezwingen, zum Finale ging es ins Atatürk Stadion nach Istanbul. Gegner des englischen Überraschungsfinalisten war die damalige Weltmacht aus Italien, die AC Mailand. Ein Team ohne Schwächen, von vorne bis hinten durchzogen mit Weltklasse-Akteuren wie den Verteidigern Cafu und Alessandro Nesta, einem Mittelfeld mit Andrea Pirlo und Gennaro Gattuso und einem offensiven Dreigestirn aus Kaka, Shevchenko und Crespo.

Währenddessen wirkte die Elf der Reds beinahe farblos, abgesehen vom brillanten, aber noch jungen Mittelfeld-Duo Xabi Alonso und eben Gerrard. Auf der Pressekonferenz vor dem Spiel wurde auch dem sonst so selbstbewussten Spielführer klar, was ihm und seinen Mannen bevorsteht: Neben dem erst 25-jährigen Engländer in seinem ersten Champions-League-Finale saß der Kapitän Milans, Paolo Maldini, der den Pokal in seiner großen Karriere bereits viermal mit nach Hause nehmen konnte. „Milan waren die Favoriten. Die Geschichte, die Buchmacher und die Experten standen auf ihrer Seite. Jeder erwartete, dass Maldini der Kapitän sein wird, der den Europapokal in Istanbul berührt. Ich hätte am liebsten zu ihm gesagt: ‚Hör zu Paolo, du hast den verdammten Pokal schon vier

Mal in die Höhe gestreckt. Lass ihn mich bitte nur einmal gewinnen'."[63], erinnert sich Gerrard in seiner Autobiografie an seine damaligen Gedanken. Die Vorzeichen waren klar, als Liverpool mit weitestgehend unbekannten Spielern wie dem Iren Steve Finnan oder Außenverteidiger Djimi Traore gegen die Weltauswahl aus Italien auf den Platz gingen. Doch aus England waren weit mehr als die elf Menschen auf dem Platz angereist. Den leidenschaftlichen Fans der Reds war wie immer kein Weg zu weit, um ihr Team zu unterstützen. „Wenn Liverpool ein Finale auf dem Mond erreichen würden, unsere unglaublichen Fans wären da. Die Szene glich einer Pilgerfahrt, mit 40.000 Gläubigen, die meilenweit zu einer Kathedrale aus Stahl wandern." Das Atatürk Stadion bebte, als die Mannschaften aus der Kabine schritten, 42.000 Zuschauer waren zum größten Spiel der Saison in die Türkei gereist.

Kalte Dusche

Die legendäre Champions League Hymne, die Handshakes und ein letztes Mal als Mannschaft im Kreis zusammenkommen, bevor der Pfiff ertönt: Gerrard erinnert sich heute noch an seine Ansprache an seine Teamkollegen: „Wir sind Liverpool und Liverpool gehört ins Finale des Europapokals. Schaut euch einfach unsere Fans an. Hört sie an. Schaut euch an, wie viel es ihnen bedeutet. Es bedeutet die Welt. Enttäuscht sie verdammt nochmal nicht. Ihr könnt euch ihre Reaktion nicht ausmalen, wenn ihr gewinnen solltet. Ihr werdet für den Rest eures Lebens Helden sein. Das ist unser Moment, unsere Chance. Lasst es euch nicht entgehen. Lasst es euch nicht entgehen. Wir sind so weit gekommen. Lasst uns gut anfangen, lasst uns ihnen zeigen, dass wir Liverpool sind. Lasst jedes Tackling, jeden Lauf, jeden Schuss zählen, ansonsten werdet ihr es für den Rest eures Lebens bereuen. Keine Reue, lasst es uns gewinnen."[64] Keine Minute sollten diese guten Vorsätze halten. Nach einem Freistoß von Andrea Pirlo war es der erfahrene Haudegen Maldini, der den Ball

---

63 Steven Gerrard [SG], 2006

64 SG, 2006

per Direktabnahme in die Maschen befördert. In der Folge dominierten die Ballkünstler aus Mailand, ließen den Scousern oft keine Chance, überhaupt an den Ball zu kommen. Kurz vor der Halbzeit folgte dann der nächste Stich ins Herz der Engländer. Nach einem Konter stellte der wieselflinke Stürmer Hernan Crespo auf 2:0, in der 44. Spielminute folgte dann das 3:0, ebenfalls durch Crespo. In der Halbzeit schaute man in der Kabine der Liverpooler in leere Augen. Ein „3:0"-Rückstand gegen die beste Mannschaft der Welt, die verletzungsbedingt schon geschwächte Elf aus Liverpool hatte eine beinahe unlösbare Aufgabe vor sich. Coach Benitez stellte um, setzte den Deutschen Didi Hamann auf den brasilianischen Spielmacher Kaka an und zog seinen Kapitän Gerrard in eine offensivere Position vor. Doch die größte Umstellung kam von den Rängen.

Die Wende

Während der ersten Halbzeit waren die Fans immer stiller geworden, Tränen waren geflossen und die meisten hatten bereits aufgegeben. Aber irgendetwas war während der Halbzeitpause geschehen, denn als die Spieler sich auf den Weg aus der Kabine machten, hörten sie das Lied ihres Vereins, das Lied einer ganzen Stadt: You'll never walk alone. Aus 40.000 Kehlen schallte die weltberühmte Hymne des Vereins durch das Rund, symbolisierte für die eigenen und für die gegnerischen Spieler: Das ist noch lange nicht vorbei. Aus der Unterstützung ihrer Anhänger neue Kraft schöpfend stürmten die Liverpooler an verdutzten Mailändern vorbei zurück auf den Platz, fest entschlossen, ihr Herz auf dem Platz zu lassen. Auch die Hereinnahme Hamanns sollte sich auszahlen, der defensive Mittelfeldmann hatte Kaka fest im Griff und bot somit seinem Kapitän immer häufiger die Chance, sich in das Offensivspiel mit einzuschalten. So auch in der 54. Spielminute, als John Arne Riise, der flankenstarke Norweger, einen Ball von der linken Seite in die Box schlug und der ungedeckt eingelaufene Gerrard mustergültig einköpfte. Es folgten Minuten für die Ewigkeit. Gerade noch war Gerrard auf dem Rückweg in die eigene Spielhälfte, animierte die sowieso schon lautstarken Zuschauer mit ausladenden Gesten, noch mehr zu geben, da klingelte es erneut im Kasten der Italiener. Vladimir Smicer, in der ersten Halbzeit nur wegen einer Verletzung in die Elf gespült, verwandelte aus 20 Metern gegen einen chancenlosen Dida. Milan hatte weiter keine Zeit zum Atmen, denn drei Minuten später war es erneut Gerrard, der in den Strafraum der Mailänder eindrang und von Sechser Gennaro Gattuso zu Fall gebracht wurde - Elfmeter. Xabi Alonso, der filigrane Spanier im Mittelfeld der Reds, nahm sich der Sache an - und vergab. Dida parierte den schwach geschossenen Elfmeter, konnte ihn jedoch nur nach vorne abwehren. Genau da stand Alonso und schob die Kugel über die Linie. 3:3, Liverpool hatte das Spiel in nur sechs Minuten auf den Kopf gedreht. Die verbleibenden 30 Minuten der regulären Spielzeit gehörten dann wieder Milan, das unermüdlich anlief und wieder und wieder am überragenden Keeper Jerzy Dudek scheiterte.

Der große Dudek

Der Pole im Tor der Reds brachte die Mailänder zum Verzweifeln und so stand es tatsächlich 3:3, als der Schlusspfiff der Partie ertönte. Noch weitere 30 Minuten der Verlängerung standen an. Im warmen und feuchten Klima Istanbuls in jener Sommernacht waren selbst 90 Minuten eine Tortur für den Körper, von 120 Minuten ganz zu schweigen. Dem Wunder so nah und doch so fern schleppten sich die Spieler zurück auf den Platz, warfen sich immer wieder in Zweikämpfe gegen drückende Italiener. Wenn alle Stricke rissen, war da noch immer Dudek. Zwei Minuten vor Ende der Verlängerung tauchte plötzlich Andriy Shevchenko, der ukrainische Weltklasse-Stürmer frei vor dem Torhüter auf. Aus kürzester Distanz köpfte der Angreifer aufs Tor, doch Dudek pariert. Der Nachschuss dann war eigentlich unhaltbar, doch mit minimaler Reaktionszeit bekommt der Pole noch die Hand an den Ball. Noch heute kann Shevchenko kaum glauben, dass er in diesem Moment das Spiel nicht entscheiden konnte. Mit hängenden Köpfen nahmen die Mailänder den Schlusspfiff hin, fühlten sich bereits vor dem anstehenden Elfmeterschießen wie die Verlierer. Und tatsächlich fanden sie ihren Meister wieder in Jerzy Dudek. Der Pole tanzte vor jedem Elfmeter der Mailänder auf der Torlinie, wackelte wild mit den Armen um den Schützen zu verunsichern. Mit Erfolg, der erste

Schütze Serginho setzte die Kugel über die Querlatte, den Elfmeter von Andrea Pirlo konnte er parieren. Somit hatte er vor dem fünften und letzten Versuch der Mailänder die Chance, den Europapokal nach Liverpool zu holen. Wieder stand ihm Shevchenko gegenüber. Dudek wackelt, Shevchenko schießt und Dudek hält den schwach geschossenen Strafstoß. Ekstase in Istanbul, der Liverpool Football Club hat das Unmögliche möglich gemacht. Nach dem Nackenschlag in der 1. Halbzeit holten die Männer in Rot den Pokal zum fünften Mal zurück an die Anfield Road.

Die Feierlichkeiten

In dem Moment, als Jerzy Dudek den Ball parierte, brachen alle Dämme. Die Mitspieler, eigentlich von Krämpfen geplagt, stürmten auf ihren Helden zu. Die Zuschauer tobten, Väter umarmten ihre Söhne, die eigentlich in der Schule sein sollten. Die Spieler tanzten auf dem Platz, auf der Laufbahn oder irgendwo auf der Tribüne, umringt von Fans und Familie. Mit Tränen in den Augen realisierte nun auch Steven Gerrard, dass sein Kindheitstraum in Erfüllung gegangen war, der Traum, den er damals mit seinem Cousin Jon Paul teilte. Als Kapitän hatte er den Champions-League-Pokal für seinen LFC gewonnen. Selbst im Moment seines größten Triumphes dachte er an die Verlierer, umarmte den gebrochen noch auf dem Platz sitzenden Shevchenko. Oft genug hatte er selbst diese Enttäuschung erlebt. Dann aber kam der Moment der Momente, die Übergabe des Henkelpotts. Endlich konnte er den Pokal berühren, ihn küssen. Und endlich konnte er ihn vor den 40.000 jubelnden Fans, die bis ans andere Ende Europas gereist waren, in die Höhe recken. Den Rest des Tages würde er den Pokal nicht mehr aus den Augen lassen, nach einer feucht-fröhlichen Nacht schlief er mit dem größten Titel des Vereinsfußballs auf seinem Nachttisch ein.

Noch am selben Abend, auf der Pressekonferenz, teilte er der versammelten Presse mit: „Wie soll ich nach einer Nacht wie dieser gehen und nach all den Nächten, die ich erlebt habe? Ich unterschreibe in Liverpool für vier oder fünf weitere Jahre." Erst zehn Jahre später verließ Gerrard seinen Verein, um die große Karriere in den USA ausklingen zu lassen.

DIE HÄSSLICHE SEITE

Fußball ist unser Sport, die schönste Nebensache der Welt. Doch auch die schönsten Dinge haben ihre hässlichen Seiten, so auch der Fußball. Sportswashing, Korruption, Gewalt und vieles mehr - ein ganzes eigenes Buch könnten wir mit den Problemen dieses Sports füllen. Für heute bleiben wir aber auf dem grünen Rasen. Dort war Luis Suarez einer der besten Stürmer dieses Jahrhunderts, in Europa sorgte er bei Ajax Amsterdam, Liverpool, Barcelona und Atletico Madrid für Furore, erzielte in seiner Karriere über 500 Tore. Doch kaum ein anderer verkörpert so gut die hässliche Seite des Fußballs.

HANDSPIELE

Bei der Weltmeisterschaft 2010 in Südafrika bot sich für die Nationalmannschaft Ghanas die Chance, etwas Einmaliges zu erreichen. Noch nie konnte eine afrikanische Mannschaft in ein WM-Halbfinale einziehen, doch die Black Stars standen denkbar knapp davor. Nach einem zweiten Platz in der Gruppenphase und einem Achtelfinalsieg gegen die

US-Amerikaner stand die Elf um Starstürmer Asamoah Gyan im Viertelfinale gegen die bisher stark aufspielenden Uruguayer um Diego Forlan und eben Suarez. Zum Ende der regulären Spielzeit stand ein „1:1"-Unentschieden, auch nach 30 Minuten der Verlängerung blieb der Lucky Punch aus. Dann kam die 120. Spielminute: mit letzter Energie schlugen die Ghanaer den Ball in den Strafraum und nach einigen Slapstick-Einlagen, die so nur nach 120 quälenden Minuten entstehen konnten, sollte der große Moment gekommen sein.

Der Mailänder Stürmer Dominic Adiyiah köpfte aus dem Gewimmel auf das Tor Uruguays, vorbei am starken Keeper Fernando Muslera. Direkt auf der Torlinie stand jedoch Suarez – und riss in bester Torwart-Manier seine Hände nach oben, klärte so den Ball, bevor er die Linie überqueren konnte. Das war eine klare Entscheidung für Schiedsrichter Olegario Benqueranca: Elfmeter und rote Karte. Das Drama nahm jedoch seinen Lauf: Gyan setzte den Strafstoß an die Querlatte, die Bilder des frenetisch jubelnden Suarez gehen um die Welt. Im Elfmeterschießen gingen die Ghanaer, die sich in Südafrika weltweit in die Herzen der Zuschauer gespielt hatten, mit 4:2 unter, der Traum war geplatzt. Gleichzeitig wurde Luis Suarez zum Feindbild einer ganzen Nation, jedoch auch zum Nationalheld Uruguays. 2022 trafen die beiden Nationen bei der Weltmeisterschaft in Katar erneut aufeinander und natürlich stand das damalige Handspiel im Mittelpunkt der Berichterstattung. Reue zeigt Luis Suárez zwölf Jahre nach seiner gefeierten wie verhassten WM-Heldentat nicht. Er müsse sich nicht entschuldigen, wiegelte der polarisierende Stürmer Uruguays am Tag vor dem brisanten Wiedersehen mit Ghana ab. „In dieser Situation habe ich Rot bekommen, der Schiedsrichter hat auf Elfmeter entschieden. Es ist nicht mein Fehler, weil ich den Elfmeter nicht verschossen habe"[65], erinnerte sich Suarez.

Von der Hand des Teufels, wie die südafrikanische Sunday Times titelte, kommen wir nun zur Hand Gottes. Eigentlich war es die Hand von Diego Armando Maradona einem der besten Fußballer der Geschichte,

---

65 Dpa, 2022

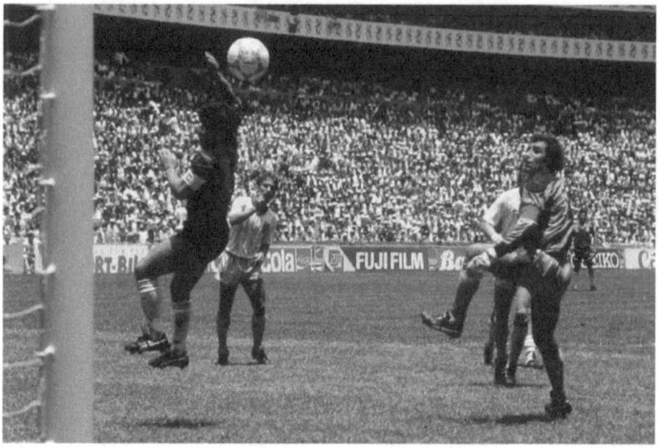

die 1986 in die Fußballgeschichte eingehen sollte. Mit seinen Argentiniern stand die 2020 verstorbene Ikone im WM-Viertelfinale gegen England, über 100.000 Zuschauer waren in das mexikanische Aztekenstadion gekommen um den damals unumstritten besten Spieler der Welt zu sehen. Maradona lieferte, was er versprach; nach einem Solo über 60 Meter erzielte er mit dem gewählten WM-Tor des Jahrhunderts das 2:0. Doch in Erinnerung blieb vor allem der Treffer zum 1:0. „El Diego" ließ im Mittelfeld drei Gegenspieler stehen und bediente Jorge Valdano an der Strafraumkante. Steve Hodge ging dazwischen und produzierte eine unglückliche Bogenlampe, die genau auf das Tor von Peter Shilton zuflog. Der englische Keeper erkannte die Situation und eilte aus seinem Kasten, um das Leder abzufangen. Maradona hatte im Luftkampf mit seinen 1,67 Metern gegen den fast 20 Zentimeter größeren Shilton eigentlich keine Chance. Eigentlich. Die Nummer zehn sprang hoch, riss den linken Arm in die Höhe und beförderte das Leder mit seiner Hand über den Keeper ins Netz.[66] Argentinien entschied die Partie mit 2:1 für sich, wurde später zum zweiten Mal in seiner Geschichte Weltmeister. Maradona zeigte, wie auch schon Suarez, keinerlei Reue und tat das Handspiel mit einem mittlerweile legendären Kommentar ab: „Es war ein bisschen Maradonas Kopf und ein bisschen die Hand Gottes." Den Legendenstatus dieser Partie zeigt auch, dass 2022 der Spielball für rund 2,3 Millionen Euro versteigert wurde. Verkäufer war der tunesische Schiedsrichter Ali Bin Nasser, der damals das Handspiel übersah.

---

66 Thomas Eßer/Benedikt Strickmann, 2021

Im Gegensatz zu Feldspielern – ich denke das weiß mittlerweile jeder – darf der Torhüter durchaus die Hände benutzen. Im Strafraum. Im eigenen Strafraum. Das sollte vor allem einer der besten Torhüter der Geschichte wissen, der Titan Oliver Kahn. Vom legendären Aztekenstadion richten wir unseren Blick nun auf das Ostseestadion zu Rostock, wir schreiben das Jahr 2001. Die Münchner sind zu Gast bei den Hanseaten, die sich nach dem „1:0"-Auswärtserfolg anschicken, den großen FC Bayern zum zweiten Mal in einer Saison zu schlagen. Früh in der Partie sieht der notorisch ehrgeizige und nicht selten jähzornige Kahn wegen Ballwegschlagens die gelbe Karte, auch der weitere Spielverlauf dürfte das zarte Gemüt des Keepers weiter belasten. 3:2 führt Hansa kurz vor Ende der Partie, drei Gegentore gegen Rostock!

„Als die Bayern in der 90. Minute einen Eckball herausholen, bringt Kahn seinen wuchtigen Körper in Schwung und stürmt die 100 Meter in den Strafraum von seinem Gegenüber Martin Pieckenhagen. Als der Eckball Richtung Fünf-Meter-Raum segelt, wartet ein Knäuel aus Münchener und Rostocker Spielern auf den richtigen Moment, um hochzusteigen. Nur Oliver Kahn will nicht mehr warten. Aus vollem Lauf springt er in die Ansammlung der Spieler, als wären sie ein Berg aus Pudding. Doch seine Körpersprache gibt deutlich zu erkennen, dass ihn nichts aufhalten wird. Jetzt ist ihm alles egal. Die Gier hat über den Verstand gesiegt. Mit angezogenen Knien und den Armen voraus, nähert er sich unaufhaltsam dem Ball. Endlich in Reichweite schnellen seine Fäuste hervor und boxen den Ball mit aller Wucht über die Linie."[67] So beschreibt ein Zeitzeuge die absurden Geschehnisse dieses Abends. Schiedsrichter Dr. Markus Merk zeigt Kahn völlig zu Recht die gelb-rote Karte; der fasst sich entsetzt über sich selbst an den Kopf. Später auf der Pressekonferenz reagiert er selbstironisch, fast schon gelöst. „War ein klares Tor eigentlich. Der Torwart, dachte ich immer, darf die Hände im Sechzehn-Meter-Raum benutzen", gibt er vor den versammelten Journalisten zu bedenken, um in der Folge in Gelächter auszubrechen. Ein Oliver Kahn, der Fehler macht und darüber lacht – nun hatte die Fußballwelt alles gesehen.

---

67 Erik Peter [EP], 2011

VERWEIGERTE HANDSCHLÄGE

Außer beim Torwart im (eigenen!) Strafraum ist der Einsatz der Hand im Fußball bekanntlich weitestgehend untersagt. Ausdrücklich erwünscht ist er jedoch vor der Partie, beim obligatorischen Handschlag mit den Gegenspielern, einer Geste der Fairness und des Respekts. Selbst die größten Rivalen, die sich auf dem Platz über 90 Minuten bekriegen, verweigern diesen nur sehr selten. In einen solchen Fall war mal wieder Luis Suarez involviert.

Bei der Partie seiner Liverpooler gegen den Erzrivalen Manchester United geriet er mehrfach mit dem dunkelhäutigen Verteidiger Patrice Evra aneinander. Schon während des Spiels berichtete dieser dem Schiedsrichter von rassistischen Beleidigungen, danach ließ er sich mit folgenden Worten zitieren: „Es gibt Kameras, man kann sehen, wie er mindestens zehnmal ein bestimmtes Wort zu mir sagt. Im Jahr 2011 ist für so ein Verhalten kein Platz." Nach Ermittlungen des englischen Fußballverbands wurde Suarez, der bis heute beteuert, nur das spanische Wort für schwarz verwendet zu haben, für schuldig befunden und wegen rassistischer Beleidigungen für acht Spiele gesperrt. Kurz nach Ablauf der Sperre trafen die Teams wieder aufeinander und schon vor Anpfiff kam es zum Eklat. Suarez, der sich als unschuldiges Opfer einer Hetzkampagne sah, verweigerte United Spielführer Evra den Handschlag. Die Presse stürzte sich auf den Vorfall, der Liverpool FC veröffentlichte sofort ein Statement, nachdem Suarez ihnen vor dem Spiel versicherte, Evra die Hand zu schütteln. „Wir sind extrem enttäuscht von Luis Suarez. Es war falsch von ihm, uns anzulügen. Er hat nicht nur sich selbst im Stich gelassen, sondern auch Trainer Dalglish, seine Teamkollegen und den ganzen Verein." Jahre später, diesmal im Trikot vom FC Barcelona, konnte sich Suarez dann doch dazu durchringen, Evra die Hand zu geben. Eine Entschuldigung blieb aus, der größere Mann blieb Evra. „Wenn wir spielen, werde ich ihm die Hand geben. Ich werde niemals sein bester Freund sein, aber die Vergangenheit ist vergangen. Ich bin stolz auf meine Hautfarbe und werde ihm die Hand geben."

Treffen zwei ehemalige Teamkollegen aufeinander, fällt der Handschlag meist besonders herzlich aus, oft gibt es sogar noch eine kurze Umarmung dazu. Mauro Icardi und Maxi Lopez, zwei Argentinier die gemeinsam bei Sampdoria Genua aktiv waren, begegnen sich dagegen eher kalt. Um zu erklären, wie aus engen Freunden erbitterte Feinde wurden, müssen wir wohl oder übel einen kurzen Exkurs in die Welt des „Klatsch und Tratsch" machen. Denn neben den beiden Fußballern gibt es eine weitere Protagonistin in dieser Geschichte, die bekannte argentinische TV-Moderatorin Wanda Narra und ab 2008 die Ehefrau von Lopez. Das Glamour-Paar bekam drei gemeinsame Kinder, doch fünf Jahre nach der Hochzeit begann es zu kriseln. Der Grund: Icardi, der gemeinsam mit Lopez für Sampdoria Genua stürmte, war in das Leben der beiden getreten, machte in jener Zeit sogar gemeinsame Urlaube mit der Familie. Nara soll sich Lopez' Landsmann amourös genähert haben. In der Presse war davon die Rede, dass Nara, die nebenbei auch als Model arbeitete, ihren Ehemann ausgerechnet mit dessen neun Jahre jüngeren Teamkollegen betrogen habe.[68]

Nara dementierte und verwies ihrerseits auf die zahlreichen Seitensprünge ihres Noch-Gatten, ehe sie sich Ende 2013 scheiden ließen. Lang blieb Wanda Nara jedoch nicht allein, nur ein halbes Jahr später stand sie wieder am Traualtar - an der Seite von Mauro Icardi. Dieser hatte derweil auch den Verein gewechselt und traf mit Inter Mailand nun zwei Mal jährlich auf Sampdoria und Lopez. „Wanda Derby", wurde die Begegnung zwischen Sampdoria und den Nerazzurri zu jener Zeit getauft, Lopez verweigerte bei der obligatorischen Begrüßung seitdem symbolträchtig den Handschlag mit seinem einstigen Kumpel.[69]

Auch in der Bundesliga kam es schon zu einem Handschlag-Eklat, allerdings nicht zwischen Spielern. Philipp Max, damals beim FC Augsburg, verweigerte vor einem Spiel Schiedsrichter Manuel Gräfe den Handschlag. Zugegeben nicht die beste Idee, den Mann mit der Pfeife und

---

68 Dennis Melzer [DM], 2020

69 DM, 2020

den Karten schon vor Anpfiff zu verärgern, doch ich persönlich habe vollstes Verständnis für diese Aktion. Denn gebrochene Herzen sind auch hier wieder Thema, unter anderem auch mein eigenes. Denn Philipp Max war Teil der Mannschaft des KSC, die sich in der Saison 2014/2015 auf den dritten Platz der zweiten Bundesliga spielen konnten. Damals wie heute heißt das: Relegationsspiel gegen den 16. der Bundesliga, in diesem Fall die Unabsteigbaren, der Bundesliga-Dino aus Hamburg – lange ist es her. Nach einem 1:1 im Hinspiel in Hamburg, dem Spiel mit der besten Stadionatmosphäre die ich je selbst erlebt habe, ging es beim Rückspiel im heimischen Wildpark für die Karlsruher, meinen Herzensverein, um die Wurst. Als dann in der 78. Reinhold Yabo zum 1:0 für die Blau-Weißen traf, brachen alle Dämme. „Holt euch heut den Aufstieg, den Aufstieg KSC!", schallte es durch unsere altehrwürdige Bruchbude, als plötzlich ein Pfiff die Euphorie durchbrach. Unverständnis machte sich breit in der Karlsruher Kurve, das war doch kein Handspiel! Doch, sagte Schiedsrichter Manuel Gräfe und entschied auf Freistoß kurz vor dem Strafraum der Karlsruher. Dutzende Male habe ich mir diese Situation angeschaut und bleibe beim gleichen Urteil wie der Kicker: „Den Freistoß wegen Handspiels von Meffert (...) zu geben, war falsch." Dem Hamburger Marcelo Diaz war das egal, er schoss den Ball an Keeper Dirk Orlishausen vorbei in die Maschen und brachte die Karlsruher Gegengerade zum Schweigen. In der anstehenden Verlängerung gewann der HSV die Oberhand und blieb mal wieder höchst kontrovers in der Liga. Für Philipp Max ging es trotzdem in die Bundesliga, der FC Augsburg sicherte sich seine Dienste und so kam es nur wenige Monate später zum Aufeinandertreffen mit Manuel Gräfe. Wie eingangs erwähnt, hatte Max diesen Abend unter dem Karlsruher Nachthimmel nicht vergessen und schlug die Hand des Schiedsrichters aus. Eine Geste, die man durchaus als unsportlich bezeichnen kann, die ihm jedoch in den Herzen der Karlsruher einen besonderen Platz bescherte.

BISSE

Es ist ein Spruch, der vor allem in den unteren Spielklassen über den Sportplatz hallt: Ihr müsst mehr beißen! Zu wörtlich nehmen das glücklicherweise nur die wenigsten. Luis Suarez hingegen erlangte zweifelhafte Bekanntheit für seine Neigung, den Gegenspieler zu beißen. Nicht nur einmal, ganze dreimal wurde der Uruguayer dabei erwischt, wie er seine markanten Zähne in einen Gegenspieler rammt. Sein erstes Opfer, damals noch in Diensten von Ajax Amsterdam, war Otman Bakkal. Während einer Rudelbildung in der Partie gegen PSV Eindhoven biss Suarez einem danach vollkommen konsternierten Bakkal ohne erkennbaren Anlass in die Schulter. Nach Ansicht der Fernsehbilder wurde Suarez für sieben Spiele gesperrt und von seinem Verein suspendiert. Den Liverpool FC hielt das nicht davon ab, 7,5 Millionen Euro für den Stürmer zu blechen, der fortan in der Premier League auf Torejagd ging. Nur drei Jahre nach seinem ersten Biss schlug er dann auch in England zu. Während einer Kontersituation fand er sich im gegnerischen Strafraum im Zweikampf mit Branislav Ivanovic wieder. Plötzlich und erneut vollkommen grundlos packte er sich den Arm des arglosen Verteidigers und biss kräftig zu. Die Bilder des verstörten Chelsea Akteurs, der dem Schiedsrichter die Bissspuren auf seinem Arm präsentiert, gingen um die Welt. Für zehn Spiele wurde der Wiederholungstäter gesperrt, außerdem war er in der öffentlichen Wahrnehmung fortan als der Beißer gebrandmarkt. Suarez jedoch war unersättlich und offensichtlich hatte er Lust auf Italienisch. Als beim finalen Gruppenspiel der Uruguayer bei der WM 2014 gegen Italien Verteidiger Giorgio Chiellini nach einem harmlosen Zweikampf gegen Suarez zu Boden ging und einen entgeisterten Blick auf seine eigene Schulter warf, gingen die Gedanken der Zuschauer schon in die gleiche Richtung. Er wird doch nicht wieder? Die Fernsehbilder bestätigten wieder den Verdacht, schon wieder hatte Luis Suarez ohne erkennbaren Grund zugebissen. Die FIFA hatte genug und sperrte Suarez für ganze vier Monate für alle Wettbewerbe. Eines muss man ihm abschließend zu Gute halten: schon seit fast zehn Jahren hat Luis Suarez keinen Gegenspieler mehr auf dem Fußballplatz gebissen!

Von Hunden erwartet man Bissattacken schon eher als von erwachsenen Profisportlern, auch wenn mein Hund Sepp ganze drei Bisse weniger als der gute Luis Suarez vorweisen kann. Das kann man von Rex, einem Dortmunder Hund Ende der 60er-Jahre nicht behaupten - zum Leidwesen des Schalkers Friedel Rausch. Schon damals, im Jahre 1969, war das Revierderby zwischen Borussia Dortmund und Schalke 04 etwas Besonderes. Wie heute schon war der Andrang der Fans im Ruhrpott enorm, im Vergleich zu heute waren jedoch die Sicherheitsvorkehrungen geradezu erbärmlich. Die Zuschauer standen bis zur Seitenlinie, wurden nur von Ordnungskräften mit Hunden zurückgehalten. Als dann in der 37. Minute der Führungstreffer der Schalker fiel, gab es für die Fans kein Halten. Sie stürmten den Platz, die Ordner mit ihren Schäferhunden hinterher. Im Chaos zwischen Zuschauern, Ordnern, Spielern und Hunden erwischte der Rüde Rex plötzlich Rausch am Hintern. Rausch dazu: „Ich wusste gar nicht, wie mir geschah. Plötzlich rief einer, Vorsicht, die Hunde sind los. Da kamen schon die Höllenschmerzen. Aber damals durfte noch nicht gewechselt werden. Also bekam ich eine Tetanusspritze und weiter ging´s."[70] Für Rausch gab es 500 Mark Schmerzensgeld und einige Nächte als Bauchschläfer, bleibende Schäden trug er nicht davon. Hunde dürfen jedoch seit diesem Tag nur mit Maulkorb bei Bundesligaspielen eingesetzt werden. Beim Rückspiel gab es dann die Retourkutsche der Schalker. Kurz vor Anpfiff wurden vier junge Löwen auf das Feld der Glückauf-Kampfbahn geführt, ein kleiner Scherz um die Dortmunder Anhänger „einzuschüchtern". Schalke-Präsident Günther Siebert hatte die Tiere aus dem nahen Tierpark Westerholt kommen lassen.

---

[70] Bundesliga [BL], 2012

TRITTE

Wir verlassen die Aussetzer unseres bisherigen Protagonisten Luis Suarez und gehen über zu zwei legendären Tritten. Es ist die wohl gängigste Form des Fouls auf dem Fußballplatz, weshalb es nicht sehr einfach ist, aus dieser Masse herauszustechen. Nigel de Jong hat sich alle Mühe gegeben. Was braucht ein Foul, um legendär zu werden? Eine große Bühne, bekannte Beteiligte, eine gewisse Brutalität und im besten Fall auch noch Kontroversen - das können wir alles bieten. Es war die 28. Spielminute beim WM-Finale 2010, Spanien gegen die Niederlande. Xabi Alonso, einer der erfolgreichsten Spieler seiner Generation, spielt einen hohen Ball per Kopf, als plötzlich der ehemalige Hamburger Nigel de Jong angeflogen kommt. In bester Kung-Fu-Manier trifft der Niederländer Alonso mit den Stollen an der Brust, der Spanier geht schreiend zu Boden, krümmt sich vor Schmerzen. Schiedsrichter Howard Webb, schon seit Jahren einer der besten seiner Zunft, winkt de Jong zu sich und zückt eine Karte - die gelbe. „Ich dachte die ganze Zeit, ich hätte auf dem Feld alles richtig gemacht", sagte Webb im Interview mit BT-Sports. Er ergänzte: „Doch dann ging ich in die Kabine, mein Assistent zog sein Handy aus der Tasche und seine Gesichtszüge verrieten bereits, was los war. Natürlich hätte ich ihn vom Platz schmeißen müssen. Das hätte ich selbst dann getan, wenn es in der ersten Minute des Finals passiert wäre, hätte ich es deutlicher gesehen", so zeigte sich der 44-jährige FIFA-Schiedsrichter einsichtig.[71] Zum Glück des Schiedsrichters hatte seine Entscheidung keine Auswirkung auf das Ergebnis, die Spanier konnten nach 120 Minuten den WM-Pokal in die Höhe recken und vergaßen doch glatt ihre Wut über die klare Fehlentscheidung. In die WM-Geschichte ist dieser brutale Tritt trotzdem eingegangen.

Vor Gericht landete sogar das wohl brutalste Foulspiel der Bundesliga-Geschichte. Der Bremer Norbert Siegmann grätschte den ballführenden Bielefelder Ewald Lienen von vorne um, traf ihn dabei mit den Stollen am

[71] SID, 2016

Oberschenkel. Eigentlich ein Allerweltsfoul, wie Siegmann später zu Protokoll gab, mit unglücklichem Ausgang. Die Stollen gruben sich in den Oberschenkel Lienens, rissen diesen auf einer Länge von 25 Zentimetern auf. Das Bild des auf dem Boden sitzenden Arminia-Spielers, der immer wieder entsetzt auf die Wunde mit den blanken Knochen und Muskeln blickt, ist unvergessen. „Das ist einfach nur ein Schock, das eigene Bein offen zu sehen", sagte er später.[72] Nur wenige Sekunden danach ließ ihn das Adrenalin den Schmerz vergessen, wutentbrannt stürmte er mit klaffender Wunde am Bein auf Werder-Coach Otto Rehhagel zu. Dieser habe kurz vor der Grätsche Siegmann lautstark dazu aufgefordert, Lienen zu foulen. Beim Rückspiel in Bielefeld saß Rehhagel mit kugelsicherer Weste auf der Bank, es hatte Morddrohungen gegeben. Und auch für Siegmann, fortan der „Schlitzer" genannt, begann ein Spießrutenlauf. Dabei hatte er für den Zweikampf lediglich die Gelbe Karte gesehen.[73] Lienen ging vor Gericht, verklagte Siegmann wegen fahrlässiger Körperverletzung, nach eigener Angabe noch aus dem Krankenhaus, nicht um eine möglichst harte Strafe zu erreichen, sondern um künftige Bundesliga-Profis vor solch brutalen Aktionen zu schützen. Der Bremer wurde freigesprochen. Lienen dazu: „Der Staatsanwalt hat gemeint, beim Fußball muss man sich darauf einstellen, wenn man einen Vertrag unterschreibt, dass man schwer verletzt wird. Ich bin froh, dass sich diese lächerlich-primitive Sichtweise des damaligen Staatsanwalts und auch des Oberstaatsanwalts in Bremen nicht durchgesetzt hat und wir jetzt einen sozialverträglichen Fußball haben, wo solche Verhaltensweisen keine Chance mehr haben." Für den später langjährigen Trainer Lienen bleibt jedoch vor allem ein Detail das Highlight dieser Posse: Vor Gericht vertreten wurde Siegmann vom Anwalt Werder Bremens, dessen Büro in der Knochenhauerstraße lag, ein Name, der zu dieser Geschichte kaum besser passen könnte.

---

72 NDR, 2023

73 NDR, 2023

DER KOPFSTOSS

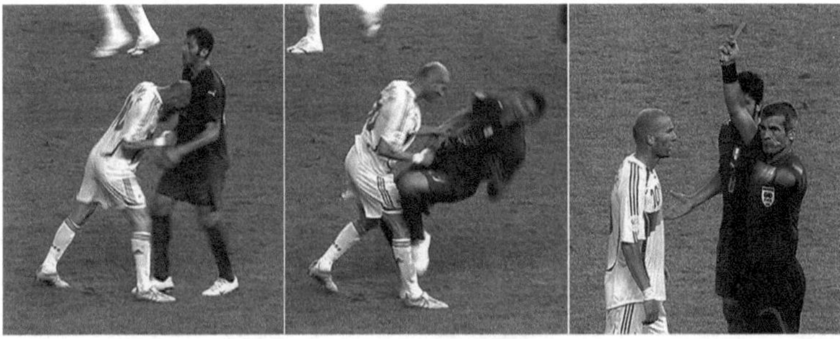

Manchmal hat ein Spieler so viel Einfluss auf die Fußballkultur, dass eine Aktion nach ihm benannt wird, denken wir zum Beispiel an Jay-Jay Okocha. Zinedine Zidane, ihr kennt ihn spätestens seit diesem Buch, kann sogar zwei Moves sein Eigen nennen. Neben der wunderschönen Pirouette mit Ball am Fuß, die er über Jahre geprägt hat, gibt es einen weitaus weniger rühmlichen „Zidane": den Kopfstoß. Bereits vor der Weltmeisterschaft 2006 hatte Zizou angekündigt, seine Karriere nach dem Turnier zu beenden. Trotzdem führte der dreimalige Weltfußballer die Franzosen mit überragenden Leistungen bis ins Finale, nur an einem einzigen Tor in der KO-Phase war er nicht direkt beteiligt. Und so dauerte es auch im Finale gegen die Italiener nur sieben Minuten, bis Zidane einen Elfmeter rotzfrech zur „1:0"- Führung unter die Latte chipte. Wenig später konnte dann der italienische Innenverteidiger Marco Materazzi per Kopf ausgleichen. Die beiden Akteure sollten weiter im Mittelpunkt des Finales stehen, denn was sich in der Verlängerung abspielte, sollte das sportliche Geschehen bis heute in den Hintergrund rücken lassen. Nach einem Freistoß in den Strafraum der Italiener hält Materazzi Zidane leicht am Trikot fest, woraufhin es zu einem Wortgefecht kommt, von dem Frankreichs Nummer 10 offenkundig schnell genug hat und sich deswegen auf in Richtung Mittellinie macht. Doch plötzlich macht „Zizou" kehrt, läuft auf den Italiener zu und rammt ihm seinen Glatzkopf in die Mitte des Brustkorbes. Materazzi bleibt daraufhin liegen, wälzt sich – und Zidane guckt etwas bedröppelt drein, spielt an seiner Kapitänsbinde herum.[74] Mittlerweile ist überliefert, dass der Italiener zuvor mehrfach die Familie Zidanes beleidigt hatte, bis dem Franzosen der Kragen platzte. Bis heute gibt er sich unverzeihlich: „Ich bitte den Fußball, seine Fans und die Mannschaft um Verzeihung, aber niemals Materazzi. Das würde mich entehren. Lieber würde ich sterben." Nach langer Diskussion der Schiedsrichter, nur der vierte Offizielle hatte die Aktion gesehen, wurde Zidane folgerichtig des Feldes verwiesen, trottete mit hängendem Kopf in die Katakomben. Im Elfmeterschießen konnten sich schließlich die Italiener durchsetzen. Statt dem Happy End setzte Zinedine Zidane selbst seiner Karriere und diesem Kapitel einen Schlusspunkt, der tragischer kaum sein könnte.

---

[74] Kicker, 2022

REKORDE FÜR DIE EWIGKEIT

Die Welt des Fußballs ist eine Ansammlung von spektakulären Spielen, vielen unerwarteten Wendungen, großen Emotionen und einzigartigen Persönlichkeiten. Dabei werden immer wieder neue Bestmarken aufgestellt, die es für die nächsten Generationen zu knacken gilt. Doch welche Rekorde stehen womöglich für die Ewigkeit in den Geschichtsbüchern?

GERD MÜLLER – DER BOMBER DER NATION

Die deutsche Fußballgeschichte hat so einige imposante Persönlichkeiten hervorgebracht. Einer, ohne den weder der FC Bayern München noch die deutsche Nationalmannschaft so erfolgreich gewesen wäre und der noch immer eine Vielzahl an Rekorden hält, ist Gerd Müller.

Im Sommer 1964 nahm die Karriere des künftigen Bombers der Nation richtig Fahrt auf. Damals wagte der bescheidene Müller den Schritt aus seinem Heimatort Nördlingen zum FC Bayern. Die spannende Randnotiz ist, dass dieser Wechsel beinahe gar nicht erst zustande gekommen wäre. Der Stadtrivale TSV 1860 München wollte den damals 18-Jährigen

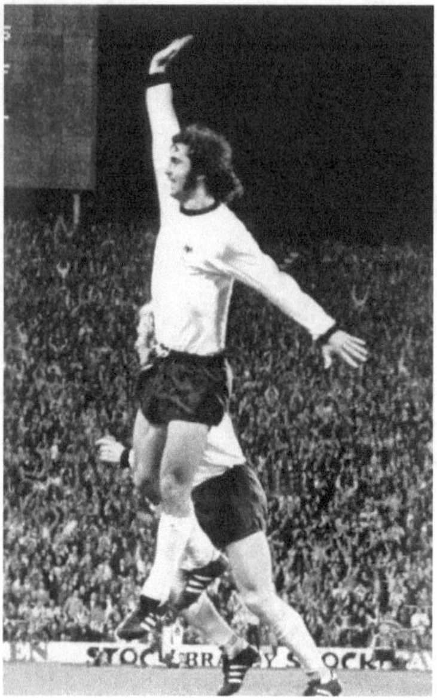

ebenfalls verpflichten. Am Ende war Bayern-Geschäftsführer Walter Fembeck lediglich eine Stunde vor den Sechzigern vor Ort und überzeugte Müller von einem Wechsel zum FC Bayern. Der Beginn einer märchenhaften Erfolgsgeschichte.

Zunächst spielte Müller, der von Trainer Zlatko Tschik Čajkovski liebevoll „kleines, dickes Müller" genannt wurde, in der zweiten Mannschaft des Vereins. Seine Fortschritte waren jedoch immens und im gemeinsamen Training stellte er seine Fähigkeiten frühzeitig eindrucksvoll unter Beweis.

In der Folgezeit dauerte es daher nicht lange, bis Müller auch in Spielen der ersten Mannschaft zum Einsatz kam und mit seinen Treffern zum Bundesliga-Aufstieg des Teams beisteuerte. Zu dieser Zeit bildete der FC Bayern ein neues, junges und erfolgshungriges Team, welches später in die Geschichte eingehen sollte. Die Protagonisten des Erfolgsteams waren keine Geringeren als Sepp Maier, Franz Beckenbauer und eben jener Gerd Müller.

Der FC Bayern schaffte es dank dieser jungen Generation, die nächsten Jahre zu prägen und gewann einen Titel nach dem anderen. Einen entscheidenden Anteil daran hatte der Bomber der Nation. In fünfzehn Jahren beim FC Bayern gelangen Müller sagenhafte 568 Treffer und weitere 102 Vorlagen. Werte, die wahrscheinlich kein Spieler im Bayern-Dress je erreichen können wird. Hinzu kommen noch zahlreiche individuelle Auszeichnungen, denn Müller wurde ganze 17-mal Torschützenkönig in unterschiedlichen Wettbewerben. Bis heute ist Müller Bundesliga-Rekordtorschütze, traf in unglaublichen 87 Bundesligaspielen mindestens doppelt und ist ebenso Rekordtorschütze im DFB-Pokal.

Gegen Ende seiner Karriere wechselte Müller für zwei Jahre in die Vereinigten Staaten und ließ seine Karriere dort als einer der besten Angreifer der Liga ausklingen. Nach seinem Karriereende im Jahr 1981 und einer temporären Auszeit heuerte Müller 1992 wieder beim FC Bayern an und arbeitete bis 2014 im Trainerstab der zweiten Mannschaft. Dann musste Müller jedoch aufgrund einer Alzheimer-Erkrankung kürzer treten und lebte einige Jahre im Pflegeheim für eine professionelle Betreuung. Ob Müller seine Aufnahme in die Hall of Fame des deutschen Fußballs in 2018 noch realisiert hat, ist fraglich.

Im August 2021 ist der Bomber der Nation schließlich nach jahrelanger Krankheit von uns gegangen, einer der besten Angreifer aller Zeiten. Seinen sportlichen Wert und seine Bedeutung für den FC Bayern brachte sein ehemaliger Mitspieler Franz Beckenbauer auf den Punkt.

> *„Was der FC Bayern heute darstellt, mit diesem Palast an der Säbener Straße - ohne Gerd Müller wären die Leute da immer noch in dieser Holzhütte von damals." (Franz Beckenbauer)*[75]

JUST FONTAINE – UNERWARTET ZUM WM-REKORD

Die WM 1958 in Schweden brachte mit Pelé nicht nur einen neuen Weltstar hervor, darüber hinaus wurde vermutlich ein Rekord für die Ewigkeit aufgestellt. Und auch wenn der Franzose Just Fontaine aufgrund eines verfrühten Karriereendes nie den Ruhm des Brasilianers erlangte, bleibt der Angreifer dank seines Rekordes wohl unvergessen.

Die Karriere des in Marrakesch geborenen Just Fontaine geriet bereits das erste Mal ins Wanken, noch bevor sie überhaupt begonnen hatte. Immerhin zeigten sich seine Eltern, ein Franzose und eine Spanierin, nicht gerade von den sportlichen Ambitionen ihres Sohnes überzeugt.

---

[75] Sportbuzzer [SB], 2021

Weder den Traum vom Radrennfahrer bei der Tour de France noch die des Fußballstars wollten sie zunächst unterstützen, besonders sein Vater hielt dies für zu gefährlich und hätte die Fußballkarriere beinahe verhindert. Am Ende setzte sich der junge Just Fontaine allerdings durch und begann 1950 seine Karriere beim USM Casablanca.[76]

Innerhalb kürzester Zeit avancierte er zum Vollblutstürmer und machte die gegnerischen Strafräume zunehmend unsicher. Sein Talent blieb nicht verborgen, die Scouts standen Schlange. Und so kam es, wie es nun mal kommen musste, mit 19 Jahren wechselte der Angreifer zunächst nach Nizza und drei Jahre später zu Stade Reims. Hier sollte Fontaine auf Klubebene seine erfolgreichste Zeit verbringen.

Nach der Meisterschaft in Nizza gelang ihm in der WM-Saison 1957/58 nicht nur erneut der Titelgewinn in der französischen Division Nationale, welche heutzutage als Ligue 1 bekannt ist. Darüber hinaus wurde Fontaine mit stolzen 34 Treffern erstmals Torschützenkönig und konnte sich für die französische Nationalmannschaft sowie die anstehende WM 1958 empfehlen.[77]

Zu seinem Rekord wäre Fontaine allerdings beinahe nicht gekommen, denn die Konkurrenz im Sturm der Équipe Tricolore war enorm. Fontaine reiste daher lediglich als Ersatzmann überhaupt zur Weltmeisterschaft nach Schweden. Doch was dann folgen sollte, wird für immer Teil der WM-Geschichte bleiben.

Fontaine traf in jedem der insgesamt sechs Partien, am Ende standen überragende dreizehn WM-Treffer auf seinem Torekonto. Diesen Rekord für die meisten Tore während einer Weltmeisterschaft hält Fontaine noch immer. Es gilt sogar als fraglich, ob ihm jemals ein Spieler diesen Rekord abringen kann.[78]

---

76 Max Wagenhan [MW], 2023

77 Frank Menke [FM], 2014

78 MW, 2023

Die Karriere von Just Fontaine hatte so richtig Fahrt aufgenommen, doch lediglich vier Jahre später musste der Franzose die Schuhe an den Nagel hängen. Zwar gewann Fontaine sowohl mit seinem Team als auch individuell noch mehrere Titel, doch der Angreifer wurde ebenso von zwei schweren Verletzungen heimgesucht. Nach einem doppelten Bruch des linken Schienbeins im März 1959 brach er sich jenes Anfang 1961 erneut, beide Male als Folge von rüden Fouls. Infolge einer Vielzahl von Operationen konnte Fontaine letztlich nur noch mit Schmerzen spielen. Das veranlasste ihn dazu, im Juli 1962 seine Karriere schweren Herzens zu beenden.

> *„Ich hätte gerne fünf, sechs Jahre Fußball gegen den WM-Rekord getauscht. Ich hätte nach Brasilien, Spanien, Italien gehen können. Ich war nicht mal 27 Jahre alt, als das passierte", sagte Fontaine einst selbst über seine Spielerkarriere und wurde anschließend Trainer.*

Infolge von vierzehn Jahren als Trainer von unter anderem den Nationalmannschaften Frankreichs und Marokkos sowie von Paris Saint-Germain und dem US Toulouse beendete Fontaine schließlich seine Trainerkarriere und setzte sich endgültig zur Ruhe. Im Jahr 1994 erhielt er den FIFA-Verdienstorden, wurde 2003 zum besten Fußballspieler Frankreichs der letzten 50 Jahre gewählt und bekam zudem den französischen Verdienstorden „Ritter der Ehrenlegion" verliehen.[79]

Im März 2023 starb mit Just Fontaine kurz nach Pelé der zweite große Star der WM 1958. Er wurde letztlich 89 Jahre alt und verließ die Fußballwelt in seiner Wahlheimat Marrakesch. Am Ende gilt für ihn ähnliches wie für Pelé, sein Vermächtnis sowie sein Rekord werden die Zeit überstehen und in Erinnerung bleiben.

---

[79] FM, 2014

KAZUYOSHI MIURA – DER ÄLTESTE AKTIVE FUSSBALLPROFI

Der derzeitige Profifußball schreibt immer wieder bemerkenswerte Rekorde, nicht selten sind es dabei Altersrekorde. Man hört in Regelmäßigkeit von den jüngsten Debütanten oder Torschützen eines Vereins, teils gar einer gesamten Liga. Doch angesichts des immer schneller und anspruchsvoller werdenden Fußballs scheint es schwierig zu sein, bis ins höhere Alter leistungsfähig zu sein und mit den nächsten Generationen mitzuhalten. Ein Mann kann diesen Entwicklungen jedoch offenbar trotzen und baut den Altersrekord für den ältesten aktiven Fußballprofi täglich aus: Kazuyoshi Miura.

King Kazu, wie der 1967 in Shizuoka geborene Miura genannt wird, gilt in Japan als absolute Fußball-Legende. Gemäß dem Guinness Buch der Rekorde hält er den Rekord für den derzeit ältesten Fußballprofi der Welt.

Begonnen hat diese denkwürdige und abwechslungsreiche Karriere im Alter von 15 Jahren, und nicht etwa in seiner Heimat Japan. Stattdessen war seine erste Profistation Juventus-SP in Brasilien, der Auftakt einer ungewöhnlichen Laufbahn. In der Folgezeit wechselte Miura immer wieder die Vereine und sammelte weltweit Erfahrungen in Brasilien, Italien, Kroatien, Australien und selbstverständlich auch in seinem Heimatland.

Auf dieser fußballerischen Reise durch die Welt konnte Miura schließlich nicht nur Erfahrungen sammeln, sondern auch Erfolge feiern. Besonders in Japan gewann Miura mit seinen Klubs einen Titel nach dem anderen, dazu weitere individuelle Auszeichnungen wie als Torschützenkönig der J1 League. Darüber hinaus gelangen ihm Erfolge in der asiatischen Version der Champions League, und Miura wurde schließlich sogar Asiens Fußballer des Jahres 1993. Die Erfolge von King Kazu beschränken sich jedoch auf weitaus mehr als die Klub-Ebene, auch in der Nationalmannschaft wusste der Angreifer zu knipsen und erzielte in 89 Länderspielen satte 55 Treffer.

Die Leidenschaft für den Fußball hat den Vollblut-Angreifer bis heute nicht verlassen. Kein Wunder, dass Miura die Schuhe daher noch nicht an den Nagel gehängt hat. Ganz im Gegenteil, mit 55 Jahren wechselte Miura nochmals ins Ausland und heuerte beim portugiesischen Zweitligisten UD Oliveirense an. Während die Fans des Klubs davon nicht sonderlich begeistert waren und sich eine andere Vereinspolitik wünschten, zeigte sich Miura von einer weiteren Karrierestation in Europa begeistert. Im Sommer 2023 folgte gar die Verlängerung des Leihvertrages und King Kazu blieb dem Klub erhalten. Ob Miura bis zu seinem Karriereende in Portugal spielen wird, ist durchaus fraglich. Ein paar Jahre wird man sich allerdings noch mit dem Japaner arrangieren müssen, denn Miura plant erst mit 60 Jahren überhaupt über sein Karriereende nachzudenken.

INTERNATIONALE TORREKORDE

In der großen, weiten Welt des Fußballs hat es in der Historie bereits einige sagenhafte Ereignisse gegeben. Doch neben so manchem Wunder oder bedauernswerten Katastrophen gab es ebenso einige Rekorde zu bejubeln. Manche davon wurden bereits zusammen mit ihren Protagonisten vorgestellt, doch welche internationalen Torrekorde gibt es eigentlich? Manche davon werden vermutlich erst in ferner Zukunft gebrochen werden, wenn überhaupt.

Meiste Tore für die Nationalmannschaft

Lange Zeit rangierte in dieser Kategorie der Iraner und die ehemalige Bundesliga-Legende Ali Daei mit stolzen 108 Länderspieltreffern. Vermutlich haben manche damit gerechnet, dass dies ein Rekord für die Ewigkeit sein möge. Doch die Rechnung hatte man ohne Cristiano Ronaldo und Lionel Messi gemacht.

Während Messi nicht mehr viele Tore benötigt, um mit Daei gleichzuziehen, hat Ronaldo die Bestmarke längst übertroffen. Und nicht nur das, Ronaldo hat den Abstand bereits um einige Torerfolge ausgebaut und wird diesen in Zukunft gar weiter ausbauen.

Doch ob das am Ende für einen internationalen Torrekord für die Ewigkeit sorgt, ist vermutlich eng mit der Personalie Kylian Mbappé verbunden und wird somit die nahe Zukunft zeigen.

Schnellstes Tor der WM-Qualifikations-Geschichte

In der Regel sind Torrekorde den internationalen Top-Spielern vorbehalten. Das muss allerdings nicht zwangsläufig der Fall sein, wenn es um Bereiche wie das schnellste Tor geht. Hier rangiert mit Christian Benteke ein Belgier auf dem ersten Platz für das schnellste Tor der WM-Qualifikations-Geschichte und wird es vermutlich noch länger tun.

Im Jahr 2016 ist es passiert, Benteke startet gegen Gibraltar von Beginn an. Was viele bei diesem eher unter dem Radar laufenden Spiel nicht ahnen, ist besagter Torrekord. Ganze sieben Sekunden hält damals das Abwehrbollwerk des Außenseiters, ehe Benteke einnetzt, ein Rekord, der vermutlich schwer zu unterbieten sein wird.

Schnellstes Tor nach Einwechslung

Und wenn wir gerade bei den schnellsten Treffern sind, sollte der Rekord für das schnellste Tor nach Einwechslung nicht unerwähnt bleiben. So geschehen in der englischen Premier League im Jahr 2007.

Der FC Arsenal London traf auf die Tottenham Hotspurs. Das Spiel war ausgeglichen und vieles deutete auf eine Punkteteilung hin. Doch dann erfolgte der Wechsel und der ehemalige Bundesliga-Angreifer Nicklas Bendtner betrat das Grün, mit Erfolg. Lediglich sechs Sekunden brauchte der Däne für seinen Torerfolg, welcher zugleich der Siegtreffer zum 2:1 war und den Gunners drei Punkte sicherte. Ein Tag für die Geschichtsbücher.

Schnellster Hattrick der Premier League

Die schnellsten Treffer haben es uns in dieser Kategorie durchaus angetan und wir bleiben in der Premier League. Hier stellte der ehemalige Liverpooler und Münchener Sadio Mané eine beeindruckende Bestmarke auf. Ihm gelang nämlich der schnellste Hattrick der Premier-League-Geschichte.

Mané spielte damals noch für den FC Southampton und alles deutete auf eine gewöhnliche Partie der Premier League gegen Aston Villa hin. Doch es wurde zu einem Tag zum Vergessen für die Lions und ein wahrlich unvergesslicher Tag für den Senegalesen. In lediglich zwei Minuten und 56 Sekunden gelangen Mané drei Treffer und Southampton gewann letztlich verdient mit 6:1. Fraglich ist, ob es in der Premier League nochmal einen schnelleren Hattrick geben wird. Vermutlich sollte man Erling Haaland ganz besonders im Blick behalten.

Der torgefährliche Torhüter weltweit

In der Geschichte des Fußballs hat es einige Torerfolge von Torhütern gegeben. Besonders Elfmeter sind bei den Schlussmännern beliebt, wie einst auch bei Hans-Jörg Butt. Ewig wird Butt sicherlich wegen eines Elfmeters im Auswärtsspiel von Bayern 04 Leverkusen beim FC Schalke 04 in Erinnerung bleiben. Damals verwandelte Butt souverän den Strafstoß, eilte jedoch nicht schnell genug zurück und wurde direkt mit dem Anstoß von Mike Hanke überlupft, ein Stück Bundesliga-Historie.

Doch den Rekord für die meisten Treffer als Torhüter hält nicht Butt, sondern der Brasilianer Rogério Ceni. Satte 131 Treffer erzielte der Keeper für den FC São Paulo und ist damit der unangefochtene Rekordhalter. Besonders beeindruckend ist dies, da Ceni ebenso Freistöße in der Nähe des Strafraums übernahm und ein wahrer Kunstschütze war. Etwas, das man im modernen Fußball nur sehr selten, wenn überhaupt, vorfindet.

Die meisten Treffer in einem Profispiel

Der Rekord für die meisten Treffer in einem Spiel obliegt einem der Stars der neuen Generation. Nicht Messi oder Ronaldo und auch nicht Mbappé hat diesen Rekord aufgestellt, sondern eben jener Norweger namens Erling Haaland.

Es war die Vorrunde der U20-Weltmeisterschaft im Jahr 2019 und nicht etwa ein gewöhnliches Ligaspiel. Norwegen traf auf Honduras und galt im Vorfeld ohnehin als klarer Favorit. Doch mit einer solchen Show des Ausnahmetalents Haaland hatte wahrlich niemand gerechnet. Satte neun Treffer erzielte der großgewachsene Linksfuß an diesem denkwürdigen Tag und pulverisierte damit den Rekord des Brasilianers Adailton mit sechs Treffern.

Spätestens ab diesem Zeitpunkt wusste man um die Qualitäten Haalands Bescheid, der in der Folge den Durchbruch in Salzburg sowie Dortmund schaffte und nun bei Manchester City neue Rekorde in Angriff nimmt.

Fünf Tore eines Spielers in weniger als neun Minuten

Kommen wir zu einem der denkwürdigsten Abende in der Bundesliga-Geschichte und einem der größten Ereignisse im europäischen Fußball der vergangenen Jahre. Wir schreiben Dienstag, den 22. September 2015. Englische Woche in der Bundesliga, Flutlicht und absolutes Top-Spiel. Der VfL Wolfsburg ist zu Gast in München und fordert den deutschen Rekordmeister heraus.

Zur Halbzeit führen die Gäste mit 1:0 und überzeugen mit einem bis dato nahezu fehlerfreien Auswärtsspiel. Doch dann wechselt Guardiola zur Halbzeit Lewandowski ein. Der Pole solle den Unterschied ausmachen und das Ruder herumreißen, doch niemand ahnt zu diesem Zeitpunkt, in welchem Ausmaß das dem Weltklassestürmer gelingen sollte.

Gerade einmal acht Minuten und neunundfünfzig Sekunden benötigt der Angreifer für satte fünf Treffer und erledigt damit die Wölfe im Alleingang. Guardiola's Reaktion auf den Fünferpack mit beiden Händen an den Kopf und einem fassungslosen Gesichtsausdruck runden diesen historischen Moment nahezu perfekt ab.

Damit stellte Lewandowski direkt vier Rekorde in nur einer Partie auf mit dem schnellsten Hattrick, schnellsten Viererpack, schnellsten Fünferpack und fünf Treffern nach Einwechslung. Ein Abend wie ein Märchen für den Polen sowie den FC Bayern und ein wahrer Alptraum für den Gast aus Wolfsburg.

Ältester Torschütze bei einer WM-Endrunde

Der derzeit weltweit älteste aktive Profifußballer wurde bereits ausführlich im Portrait vorgestellt. Grund genug, auch dem ältesten Teilnehmer und Torschützen einer Fußball-Weltmeisterschaft diese Ehre zu erweisen. Getreu nach dem Motto „Ehre, wem Ehre gebührt" ist das der Augenblick, um Roger Milla ins Spiel zu bringen.

Aufgestellt wurde dieser sagenhafte und nur schwer zu brechende Rekord im Jahr 1994 bei der Weltmeisterschaft in den USA. Aus deutscher Sicht überschattete das frühe Ausscheiden des Titelverteidigers das Turnier. Doch aus neutraler Sicht wurde möglicherweise jener Rekord für die Ewigkeit aufgestellt.

Am letzten Spieltag der Gruppenphase ging es für Kamerun im Vorfeld zumindest theoretisch noch um den Einzug in die nächste Runde. Doch das Team erlebte im Gruppenspiel gegen Russland ein wahres Debakel. Zur Halbzeit schien das Spiel bereits entschieden zu sein und so kam Roger Milla nach der Halbzeitpause zum Einsatz, im Alter von 42 Jahren. Und nicht nur das, er erzielte wenige Sekunden nach Einwechslung immerhin noch den Ehrentreffer bei der „1:6"-Klatsche Kameruns.

Das Turnier hätte für die unbezähmbaren Löwen erfolgreicher laufen dürfen, doch diesen Rekord von Milla wird so schnell vermutlich niemand brechen.

INTERNATIONALE ZUSCHAUERREKORDE

Was wäre der Fußball ohne seine Fans? Ohne die enthusiastischen Anhänger, die Woche für Woche in die Stadien strömen, für tolle Stimmung sorgen und das eigene Team unterstützen? Ohne die Hingabe der Fans wäre der Fußball sicherlich nicht weltweit zur Sportart Nummer eins geworden. Entsprechend werfen wir nun einen Blick auf uns Fans und die Zuschauerrekorde weltweit.

Das meistbesuchte Spiel Deutschlands

In Deutschland gehört der Rekord für die meisten Zuschauer während eines Profispiels nicht etwa den Top-Vereinen wie dem FC Bayern oder Borussia Dortmund. Stattdessen wurde diese Bestmarke etwas überraschend in einem Oberliga-Spiel im Jahr 1956 aufgestellt.

Damals kam es in Leipzig zum Stadtderby zwischen dem SC Rotation Leipzig und der SC Lokomotive Leipzig. Mehr als 100.000 Menschen verfolgten das Spiel vor Ort im Leipziger Zentralstadion und erlebten hautnah den „2:1"-Sieg von Lok Leipzig. Ein Rekord, der in Deutschland vermutlich nicht mehr gebrochen werden wird.

Das meistbesuchte Spiel Europas

Auf europäischer Ebene kann Deutschland trotz der imposanten 100.000 Zuschauer jedoch nicht mithalten, der offizielle Rekord liegt hier deutlich höher. Allerdings halten sich weiterhin hartnäckig Spekulationen um einen noch viel höheren inoffiziellen Rekord, doch alles der Reihe nach.

Die offizielle Bestmarke wurde nicht etwa in England aufgestellt, sondern in Schottland. Im Jahr 1937 traf im ehrwürdigen Hampden Park die Nationalmannschaft Schottlands auf England, es war Derbyzeit. Ein solches Spiel wollte man sich als Fan nicht entgehen lassen und so strömten beim „3:1"-Sieg Englands stolze 149.547 Zuschauer in die Arena, eine unvorstellbare Zahl, gemessen an den damaligen Verhältnissen.

Dieser offizielle Rekord wird jedoch angezweifelt und in Frage gestellt, natürlich von englischer Seite aus. Im Jahr 1923 fand im Wembley Stadium das FA-Cup-Finale zwischen den Bolton Wanderers und West Ham United statt, auch als White Horse Final bekannt. Offiziell wurden lediglich 126.047 Fans ins Stadion gelassen, inoffiziell waren es allerdings viele mehr. Der Grund war nicht einmal das Fußballspiel, denn König George V. war persönlich für dieses Spiel angereist und das wollten sich die Menschen nicht entgehen lassen. Menschenmassen drängten sich bis auf das Spielfeld, weswegen berittene Polizisten zum Einsatz kamen und die Zuschauer zurückdrängen mussten. Das Spiel wurde daher erst mit 45 Minuten Verzögerung angepfiffen. Am Ende gewann Bolton mit 2:0 vor angeblich bis zu 300.000 Menschen.

Das meistbesuchte Spiel Asiens

Die Wettbewerbe in Asien mögen zwar vom Niveau nicht vergleichbar sein mit dem europäischen Level, doch die Unterstützung der Fans kann sich auch hier sehen lassen. Besonders dann, wenn es sich um ein Derby handelt.

Der Rekord für das meistbesuchte Spiel wurde etwas überraschend im Salt Lake Stadium, auch bekannt als Vivekananda Yuba Bharati Krirangan, in Kolkata aufgestellt. Am 13. Juli 1997 kam es hier zum Stadtderby zwischen East Bengal und Mohun Bagan. Doch es war kein gewöhnliches Ligaspiel, sondern ein Pokal-Halbfinale. Entsprechend wollte sich niemand diesen Thriller entgehen lassen. Es kamen stolze 131.781 Zuschauer zu dieser Partie und sorgten damit in Indien für den asiatischen Rekord.

Das meistbesuchte Spiel Mittelamerikas

Die etwas älteren Leser und Fußballkenner werden es an dieser Stelle vielleicht bereits erahnt haben, denn die Bestmarke in Mittelamerika wurde selbstverständlich im Aztekenstadion von Mexiko City aufgestellt. Angesichts der Begegnung zwischen Argentinien und Deutschland im WM-Finale 1986 ist das auch nicht verwunderlich.

Stolze 114.600 Zuschauer reisten damals in die Hauptstadt, um sich das Duell der Weltnationen mit Stars wie Maradona, Burruchaga, Matthäus und Co. vor Ort anzusehen. Am Ende konnten sie einen knappen „3:2"-Sieg der Argentinier bestaunen, für den sich Deutschland bei der WM 1990 schließlich erfolgreich zu revanchieren wusste.

Das meistbesuchte Spiel Nordamerikas

In Nordamerika wurde der Rekord wenig überraschend bei einem Freundschaftsspiel in den Vereinigten Staaten aufgestellt. Zu Gast waren keine geringeren Teams als Real Madrid und Manchester United, die sich im Michigan Stadium gegenüberstanden.

Normalerweise finden hier American-Football-Spiele statt, doch für diesen Kracher musste das Stadion in Ann Arbor herhalten. Letztlich besuchten 109.318 Zuschauer das Aufeinandertreffen der beiden Top-Teams im derzeit zweitgrößten Stadion der Welt. Für Fans, Funktionäre und Spieler ein einzigartiges Ereignis.

Das meistbesuchte Spiel Afrikas

An dieser Stelle könnte man vermuten, dass in Afrika die Bestmarke während der Weltmeisterschaft 2010 in Südafrika aufgestellt wurde, doch knapp verfehlt. Tatsächlich gab es den afrikanischen Rekord lediglich einen Monat nach der WM im FNB Stadium in Johannesburg.

Der Gastgeber absolvierte nach einer gelungenen WM-Endrunde ein Freundschaftsspiel gegen Neuseeland, was etwas überraschend ganze 94.713 Zuschauer ins Stadion zog. Die Leistungen bei der WM hatten offensichtlich eine Begeisterung im Land erzeugen können.

Das meistbesuchte Spiel in Australien und Ozeanien

Grundsätzlich ist Fußball in Australien und Ozeanien zwar beliebt, aber wohl nicht die beliebteste Sportart. Entsprechend könnte man denken, dass der Zuschauerrekord hier womöglich nicht allzu hoch liegt, doch weit gefehlt.

Wir schreiben das Olympia-Finale im Jahr 2000 im ANZ Stadium in Sydney. Kamerun traf auf das favorisierte Spanien. Trotz eines „2:0"-Rückstandes drehten die Zentralafrikaner das Spiel und gewannen schließlich im Elfmeterschießen, vor genau 104.098 Zuschauern im ausverkauften Stadion. Eine Rekordkulisse für ein denkwürdiges Endspiel.

Das meistbesuchte Spiel weltweit

Unsere Reise durch die große Welt des Fußballs kommt nun mit dem letzten Kontinent sowie dem offiziell weltweiten Zuschauerrekord zu einem Ende. Nein, die Bestmarke finden wir nicht etwa in der Antarktis, sondern selbstverständlich in Südamerika.

Es gibt nur wenige Nationen, die den Fußball so verehren, lieben und ihn in den Alltag einbinden wie Brasilien. Kein Wunder also, dass hier der weltweite Rekord aufgestellt wurde. Doch wie beim europäischen Rekord muss zwischen der inoffiziellen und der offiziellen Bestmarke unterschieden werden.

Das WM-Finale 1950 stand unmittelbar bevor, Gastgeber Brasilien traf im ehrwürdigen Maracana auf Uruguay. Während die Fans bereits von einem Sieg ausgingen, in großen Mengen ins Stadion strömten und in Feierlaune waren, gewann der Außenseiter am Ende mit 2:1. Eine Schmach sondergleichen, die Enttäuschung war riesig. Besonders angesichts der beeindruckenden Kulisse von 173.850 Zuschauern laut offiziellen Angaben. Inoffiziell sollen es dagegen sogar mehr als 200.000 Menschen gewesen sein, was einen absoluten Rekord darstellen würde.

Doch diesen Bestwert konnte man lediglich vier Jahre später ein weiteres Mal brechen. Für das WM-Qualifikationsspiel gegen Paraguay kamen sage und schreibe 183.513 Zuschauer ins Maracana und sorgten so für die vorläufig größte Kulisse aller Zeiten. Dieses Mal konnten die Anhänger der Seleção auch feiern, denn das Team gewann deutlich mit 4:1.

SCHLUSSWORT

Unser Dank gilt dem gesamten Team vom Meyer & Meyer Verlag, aber insbesondere unserem Ansprechpartner Riccardo Rip. Er war nicht nur immer erreichbar, hat alle unsere Fragen beantwortet und uns auf dem gesamten Weg von der ersten Kontaktaufnahme bis hin zum fertigen Manuskript begleitet, sondern war in erster Instanz auch die Person, die uns dieses Buch bei einem derart renommierten Verlag ermöglicht hat. In den vergangenen Monaten haben wir drei gemeinsam Höhen und Tiefen des Fußballs, aber auch des Schreibens über den Fußball erlebt. Eine Reise voller Emotionen, Erlebnisse und Aha-Momente. Zwar schreiben wir drei schon seit geraumer Zeit für unseren Blog *KickFieber.de*, aber ein eigenes Buch ist definitiv nochmal eine andere Herausforderung.

Als Anfang des Jahres der Meyer & Meyer Verlag auf uns zukam und sich die Chance für ein eigenes Buch bot, haben wir ohne zu zögern zugesagt. So eine Chance bekommt man nur einmal im Leben, dachten wir uns. Seitdem gab es immer mal wieder Tiefs, in denen wir uns gegenseitig motivieren und inspirieren mussten, aber schlussendlich haben wir es gemeinsam gemeistert. Danke, Jungs!

Dieses Buch ist aber viel mehr als einfach nur ein Produkt unserer Zusammenarbeit, sondern auch eine Liebeserklärung an den Fußball. Und wenn wir den Lesenden am Ende nur einen kleinen Teil unserer Faszination mitgeben konnten, haben wir mehr erreicht, als wir uns hätten vorstellen können.

VERZEICHNISSE

ABBILDUNGSVERZEICHNIS

LITERATURVERZEICHNIS

Andreas Landberg und Bastian Midasch (2015). Die fast perfekte Karriere. Verfügbar unter: https://www.spiegel.de/sport/fussball/frauen-fussball-wm-kanada-2015-marta-ist-rekordtorschuetzin-a-1038082.html abgerufen am 25.07.2023

Andrea Pirlo (2013). I think therefore I play. BackPage Press

Bundesliga (2012). Friedel Rausch und der Biss von Schäferhund Rex. Verfügbar unter: https://www.bundesliga.com/de/bundesliga/news/friedel-rausch-und-der-biss-von-schaeferhund-rex_0000243341.jsp abgerufen am 08.10.2023

Bundesliga (2012). Wie in Grimms Märchen. Verfügbar unter bundesliga.com/de/bundesliga/news/wie-in-grimms-maerchen-franz-beckenbauer-portrait.jsp abgerufen am 15.10.2023.

Carlo Ancelotti (2016). Quiet Leadership - Winning hearts, minds and matches. London: Penguin Random House

Crebolder, Finley (2023). How Nottingham Forest won two European Cups under Brian Clough. Verfügbar unter: https://www.90min.com/posts/how-nottingham-forest-won-two-european-cups-under-brian-clough. 13.05.2023

Dennis Melzer (2020): Eine Frau namens Wanda: Wie Maxi Lopez und Mauro Icardi zu Feinden wurden. Verfügbar unter: https://www.goal.com/de/meldungen/wanda-maxi-lopez-mauro-icardi-ftr-feinde-story/osh9lct3dtu41wv1kpo2jv35x abgerufen am 14.10.2023

Der Spiegel (2022). Weltfußballerin Hegerberg nach Anschlag in Oslo. Verfügbar unter: https://www.spiegel.de/sport/fussball/anschlag-in-oslo-weltfussballerin-ada-hegerberg-setzt-beim-laenderspiel-zeichen-fuer-die-liebe-a-3a36244a-2785-4f3b-a757-3d5876f7a5c9

Dpa (2022). Hand des Teufels: Ghana trifft Suarez wieder. Verfügbar unter: https://www.sueddeutsche.de/sport/fussball-hand-des-teufels-ghana-trifft-suarez-wieder-dpa.urn-newsml-dpa-com-20090101-221201-99-735811 abgerufen am 07.10.2023

Erik Peter (2011). Die blinde Gier. Verfügbar unter https://11freunde.de/artikel/die-blinde-gier/420357 abgerufen am 09.10.2023

Escher, Tobias (2019). Die Zeit der Strategen. Wie Guardiola, Löw, Mourinho und Co. den Fußball neu denken (5. Auflage). Hamburg: Rowohlt Taschenbuch Verlag.

Escher, Tobias (2020). Der Schlüssel zum Spiel. Wie moderner Fußball funktioniert. Hamburg: Rowohlt Verlag.

FIFA (2023). Auf Marta wartet noch mehr Geschichte. Verfügbar unter: https://www.fifa.com/fifaplus/de/tournaments/womens/womensworldcup/australia-new-zealand2023/articles/frauen-wm-2023-brasilien-marta-rekorde abgerufen am 25.07.2023

Frankfurter Allgemeine Zeitung (2001). Fußball: 147 Millionen: Zidane-Wechsel zu Real endgültig perfekt. Verfügbar unter: https://www.faz.net/aktuell/sport/fussball-147-millionen-zidane-wechsel-zu-real-endgueltig-perfekt-131600.html

Gieselmann, Dirk & Jürgens, Tim (2010). 102 Sekunden in Barcelona: Die Mutter aller Niederlagen. Verfügbar unter: https://www.tagesspiegel.de/sport/die-mutter-aller-niederlagen-6766330.html

Jana Jöckel (2015). Vom „Wunder von Bern" zum „Sommermärchen": Fußball-Weltmeisterschaften und die deutsche Nation. Verfügbar unter: https://miami.uni-muenster.de/Record/2c6d6c64-b308-467f-8660-1acb54cb56f7 abgerufen am 18.07.2023

Johan Cruyff (2016). My Turn. London: Macmillan

Kicker (2022). Kein Happy End: Als Zinedine Zidanes Zauber mit einem Kopfstoß verflog. Verfügbar unter: https://www.kicker.de/kein_happy_end_als_zidanes_zauber_mit_einem_kopfstoss_verflog-775278/artikel abgerufen am 14.10.2023

Krischel, Mario (2019). Der Mythos vom Verrückten: Wie Marcelo Bielsa das schöne Spiel prägt. Verfügbar unter kicker.de/der_mythos_vom_verrueckten_wie_marcelo_bielsa_das_schoene_spiel_praegt-761122/artikel abgerufen am 15.10.2023.

Lugert, Chris (2023). Gehälter im Frauenfußball: das verdienen die Nationalspielerinnen. Verfügbar unter: https://www.dazn.com/de-DE/news/fu%C3%9Fball/gehaelter-frauenfussball-das-verdienen-die-nationalspielerinnen/75e7g938y0em1qtx8edcdi4cx

Maddock, David (2012): The Liverpool Column: The Hillsborough Truth is out at last But we must never forget the disaster was symptomatic of Thatcher's hatred of football fans. Verfügbar unter: https://www.mirror.co.uk/sport/football/news/the-liverpool-column-the-hillsborough-truth-is-out-1332030

Marquardt, Jens Peter (2019). 30 Jahre Hillsborough-Katastrophe – „Es war grob fahrlässige Tötung". Verfügbar unter: https://www.deutschlandfunk.de/30-jahre-hillsborough-katastrophe-es-war-grob-fahrlaessige-100.html

Max Wagenhan (2022). Steven Gerrard und Liverpool – Rückblick auf eine Liebesgeschichte. Verfügbar unter: https://kickfieber.de/max/steven-gerrard-liverpool abgerufen am 02.08.2023

Menke, Frank (2014). Just Fontaine: Der ewige Rekordhalter. Verfügbar unter sportschau.de/sportschau_specials/fussball/wm2014/wm_historie/index_46.html abgerufen am 18.10.2023.

Paulus, Frederik (2020). 1954 – Das Wunder von Bern. Verfügbar unter kicker.de/1954_das_wunder_von_bern-768520/artikel abgerufen am 15.10.2023.

Peter Ahrens: Johan Cruyff – Der König ist tot. Verfügbar unter: https://www.spiegel.de/sport/sonst/johan-cruyff-der-koenig-ist-tot-a-1084048.html abgerufen am 23.08.2023

Rodney D. Sieh (2023): George Weah: The Story of Africa's Footballer President. Front Page Africa

Schmid-Bechtel, François (2022). Darum ist Zinédine Zidane der grösste Fussballer der Geschichte. Verfügbar unter: https://www.luzernerzeitung.ch/sport/sportmantel/fussball-die-weisse-katze-wird-50-eine-ode-an-zinedine-zidane-den-groessten-kuenstler-den-die-fussballwelt-je-gesehen-hat-ld.2307806

Schulze-Marmeling, Dietrich (2019). Reds: Die Geschichte des FC Liverpool. Bielefeld: Die Werkstatt

SID (20169. Webb: De-Jong-Foul eine Straftat. Verfügbar unter https://www.spox.com/de/sport/fussball/international/1601/News/howard-webb-de-jong-foul-xabi-alonso-straftat.html?deviceRedirect=1 19.10.2023 abgerufen am 12.10.2023

Spicher, Michel (2023). Der «hungrige» Superstar Ada Hegerberg. Verfügbar unter: https://www.freiburger-nachrichten.ch/der-hungrige-superstar-ada-hegerberg/

Sportbuzzer (2021). Zum Tod von Gerd Müller: Die Erfolge und Rekord der Bayern-Legende – seine Karriere in Bildern. Verfügbar unter sportbuzzer.de/fussball/bundesliga/zum-tod-von-gerd-mueller-die-erfolge-und-rekorde-der-bayern-legende-seine-karriere-in-bildern-4DFFF5DFE2B2A4CE26B2D4EC25.html abgerufen am 18.10.2023.

Steven Gerrard und Henry Winter (2006). Gerrard: My Autobiography. London: Bantam Press

The Coaches Voice (unbekannt). Carlo Ancelotti: Coach Watch. Verfügbar unter: https://www.coachesvoice.com/cv/carlo-ancelotti-real-madrid/ agerufen am 19.09.2023

The History Press (2023). Summer of '65: Brian Clough hits rock bottom. Verfügbar unter: https://www.thehistorypress.co.uk/articles/summer-of-65-brian-clough-hits-rock-bottom/

Tony Hodson (Unbekannt). Johann Cruyff: The Tactical Masters. Verfügbar unter: https://www.spiegel.de/sport/sonst/johan-cruyff-der-koenig-ist-tot-a-1084048.html abgerufen am 25.08.2023

Unbekannt (2014). TrainerPorträt: Sir Alex Ferguson. Verfügbar unter: https://spielverlagerung.de/2014/12/29/trainerportraet-sir-alex-ferguson/

Völker, Markus (2007). Porträt Silvia Neid: „Wir gehen bis ins letzte Detail". Verfügbar unter taz.de/Portrait-Silvia-Neid/!5194197/ abgerufen am 15.10.2023.

Wainwright, Martin (2017). Hillsborough police „sent fans to death". Verfügbar unter: https://www.theguardian.com/uk/2000/jun/14/football.martinwainwright

Wagenhan, Max (2023). WM-Rekordtorschütze: Wer war Just Fontaine. Verfügbar unter kickfieber.de/max/wm-rekordtorschuetze-just-fontaine abgerufen am 15.10.2023.

Zlatan Ibrahimović (2011). I am Zlatan Ibrahimović. London: Penguin Group.

Zlatan Ibrahimović (2018). I am Football. Viking

BILDNACHWEIS

Covermotiv: © IMAGO / Sven Simon
Autorenbild: © Florian Först
Bilder Innenteil: S. 51: © picture-alliance/ dpa | Karl Schnörrer
S. 53: © picture alliance / dpa | dpa
S. 55: © IMAGO / Colorsport
S. 61: © picture-alliance / dpa | Oliver Berg
S. 70: © picture-alliance / dpa | Achim Scheidemann
S. 78: © picture-alliance / dpa/dpaweb | Achim Scheidemann
S. 88: © picture alliance / Ina Fassbender/dpa | Ina Fassbender
S. 93: © IMAGO / NurPhoto
S. 107: © picture alliance / dpa | Diego Azubel
S. 112: © © IMAGO / Varley Media
S. 119: © picture alliance / dpa | Gerry Penny
S. 126: © picture alliance / dpa | Carmen Jaspersen
S. 128: © picture alliance / Jan Woitas/dpa-Zentralbild/dpa | Jan Woitas
S. 134: © picture alliance / dpa | Daniel Krug - Krugfoto
S. 142: © picture alliance/dpa | Jan Woitas
S. 149: © picture alliance / dpa | A009_dpa
S. 153: © IMAGO / Colorsport
S. 160: © picture alliance / dpa | Kerim Okten
S. 168: © IMAGO / Sven Simon
S. 177: © picture-alliance/ dpa | Db Wdr
S. 180: © picture-alliance / dpa | dpa
Grafiken (Innenteil): © AdobeStock
Cover- und Umschlaggestaltung: Annika Naas
Layout: Annika Naas
Satz: Zerosoft
Korrektorat Manuskript: Sonja Rose
Korrektorat Satzfahne: Nadine Küst